JANG: EL ALMA DE LA COCINA COREANA

Explorando la esencia del Jang en la cocina coreana a través de 100 recetas artísticas

Juan Manuel Gallego

TABLA DE CONTENIDO

INTRODUCCIÓN

La cocina coreana es un tapiz de sabores, aromas y tradiciones, cada hilo entretejido en una rica herencia culinaria que ha cautivado a los entusiastas de la comida en todo el mundo. En el corazón de este viaje gastronómico se encuentra un elemento clave que define el alma de la cocina coreana: Jang. En "Jang: El alma de la cocina coreana", nos embarcamos en una exploración de este ingrediente esencial, descubriendo sus matices, significado y la danza artística que realiza en una infinidad de recetas. Jang, término que abarca diversas salsas y pastas fermentadas, ha sido la piedra angular de la artesanía culinaria coreana durante siglos. Sus poderes transformadores no solo elevan el sabor de los platos sino que también conectan generaciones mediante la preservación de técnicas ancestrales. A medida que nos adentramos en esta odisea culinaria, nos topamos con el arte de los chefs coreanos que manejan hábilmente a Jang para crear platos que resuenan tanto con la tradición como con la innovación. El aspecto artístico de la cocina coreana se muestra a través de 100 recetas meticulosamente seleccionadas, cada una de las cuales es un testimonio de la versatilidad de Jang. Estas recetas abarcan todo el espectro de posibilidades culinarias, desde clásicos tradicionales que han resistido el paso del tiempo hasta creaciones contemporáneas que traspasan los límites del sabor. A través de la lente de estas recetas artísticas, los lectores están invitados a presenciar la unión de la tradición y la innovación, todas unidas por la presencia unificadora de Jang. "Jang: El alma de la cocina coreana" es más que una colección de recetas; es una sinfonía culinaria que celebra la unión de sabores, el ritmo de la tradición y la armonía de la innovación. Mientras navegamos por el vibrante tapiz de la cocina coreana, las páginas cobran vida con el atractivo visual y gastronómico de platos que encarnan el espíritu de Jang. Esta exploración es una oda a los artesanos que han preservado y evolucionado el legado de Jang, transmitiendo sus conocimientos de generación en generación. A través de su dedicación, estamos invitados a saborear la esencia de la cocina coreana: una danza de sabores que trasciende el tiempo y las fronteras.

DOENJANG (SOJA FERMENTADA)

1.Doenjang / Doenjang-Jjigae

INGREDIENTES:

- 600 ml (2 tazas) de agua
- dasima (kombu) cuadrada de 12 cm (4½ pulgadas)
- 1 zanahoria
- 1 cebolla
- ½ calabacín (calabacín)
- ½ puerro (parte blanca)
- 150 g (5½ oz) de champiñones mangadak (shimeji) o champiñones
- ½ chile verde
- 100 g (3½ oz) de pasta de soja fermentada doenjang
- 250 g (9 oz) de tofu firme
- 1 cucharadita de gochugaru chile en polvo (opcional)

INSTRUCCIONES:

a) Calienta el agua en una cacerola a fuego alto. Limpia el trozo de alga dasima con agua corriente y añádelo al cazo.

b) Corta la zanahoria en cuartos de 1 cm (½ pulgada) de grosor. Pica la cebolla en trozos grandes . Cuando el agua hierva, agrega la zanahoria y la cebolla.

c) Corta los calabacines en cuartos de 1,5 cm (⅝ de pulgada) de grosor y agrégalos al caldo tan pronto como se reanude la ebullición. Cocine por 10 minutos. Mientras tanto, corte el puerro en rodajas diagonales de 1 cm (½ pulgada) de grosor y el tofu en

d) Cubos de 2 cm (¾ de pulgada) de grosor. Retire los tallos de los champiñones mangadak y lávelos (para los champiñones, córtelos en cuartos). Corta el chile en secciones de 1 cm (½ pulgada) de grosor y lávalo bien con agua corriente mientras le quitas las semillas.

e) Pasados los 10 minutos, añade el doenjang , el puerro, los champiñones, el tofu y la guindilla . Cuando se reanude el hervor, cocine a fuego lento durante 5 minutos. Termina el condimento agregando más doenjang a tu gusto. Para una versión más picante, agrega el gochugaru. Chile en polvo.

2.Cerdo a la parrilla Maekjeok / Maekjeok

INGREDIENTES:

- 3 hojas de puerro verde
- 700 g (1 lb 9 oz) de paleta de cerdo (con hueso)
- 80 g (2¾ oz) de pasta de soja fermentada doenjang
- 2 cucharadas de salsa matganjang
- 3cucharadas de limón en conserva
- 1 cucharadita de jengibre molido
- 2 cucharadas de alcohol blanco (soju o ginebra)
- 1 cucharada de aceite de sésamo

INSTRUCCIONES:

a) Corta las hojas de puerro en trozos de 7 cm (2¾ pulgadas). Corta la paleta de cerdo en rodajas de 2 cm (¾ de pulgada) de grosor. Con un cuchillo, marque cada rebanada en ambos lados, formando un patrón de cuadrícula. Tenga cuidado de no cortar las rodajas. Mezclar las rodajas de carne y los trozos de puerro con el doenjang , el mat ganjang , el limón en conserva, el jengibre, el alcohol y el aceite de sésamo.

b) Precalienta el horno a 180°C (350°F). Coloque las lonchas de cerdo, sin superponerlas, sobre una rejilla con una fuente para asar debajo. Coloca los trozos de puerro alrededor de la carne con unas rodajas de limón en conserva, si lo deseas. Cocine por 30 minutos.

c) Después de sacar del horno, desechar los trozos de puerro. Corta la carne en trozos pequeños con unas tijeras. Puedes comerlo como ssambap si quieres.

3.Sopa De Repollo Con Carne / Sogogi Baechu Doenjang-Guk

INGREDIENTES:
- ½ col china
- 300 g (10½ oz) de filete de res grueso
- 4 dientes de ajo
- 1 cucharada de aceite de sésamo
- 2 cucharadas de salsa matganjang
- 1 litro (4 tazas) de agua
- 70 g (2½ oz) de pasta de soja fermentada doenjang

INSTRUCCIONES:
a) Corta la media col china en dos cuartos. Retire la base. Corta cada cuarto en trozos de aproximadamente 2 cm (¾ de pulgada) de ancho. Lavar y escurrir. Dale palmaditas a la carne con una toalla de papel para absorber el exceso de sangre. Corta la carne en trozos pequeños. Triturar el ajo.

b) Calienta el aceite de sésamo en una olla a fuego alto. Añade la carne, el ajo y el mat ganjang . Saltee hasta que el exterior de la carne esté cocido. Vierta el agua y lleve a ebullición. Añade el repollo y el doenjang . Dejar cocer otros 15 minutos a fuego medio.

4.Bossam kimchi y cerdo escalfado/ Bossam

INGREDIENTES:
CERDO ESCALFADO
- 600 g (1 lb 5 oz) de panceta de cerdo sin condimentar
- 70 g (2½ oz) de pasta de soja fermentada doenjang
- 4 dientes de ajo
- 20 granos de pimienta negra grandes
- ½ cebolla
- 4 hojas verdes de ½ puerro
- 250 ml (1 taza) de alcohol blanco (soju o ginebra)

KIMCHI BOSSAM
- 400 g (14 oz) de rábano blanco (daikon)
- 6 cucharadas de azúcar
- 1 cucharada de sal marina
- ½ pera
- 3 tallos de cebollino con ajo (o 2 tallos de cebolleta/cebolleta, sin bulbo)
- 3 dientes de ajo
- 20 g (¾ oz) de pasta de chile gochujang
- 3 cucharadas de gochugaru Chile en polvo
- 3 cucharadas de salsa de anchoa fermentada
- 2 cucharadas de jarabe de jengibre
- Guarnición de col china
- ¼Repollo chino en salmuera, escurrido

INSTRUCCIONES:
a) Pon a hervir 1,5 litros (6 tazas) de agua en una olla. Cortar el cerdo en dos trozos a lo largo y sumergirlos en agua hirviendo. Agrega el doenjang , el ajo, los granos de pimienta, la cebolla, las hojas de puerro y el alcohol. Cocine a fuego lento durante 10 minutos a fuego alto, tapado, luego 30 minutos a fuego medio, parcialmente tapado, luego 10 minutos a fuego lento.

b) Mientras se cocina la carne de cerdo, corte el rábano blanco en palitos de 5 mm (¼ de pulgada). Marinar con 5 cucharadas de azúcar y sal marina durante 30 minutos, mezclando cada

c) 10 minutos. Enjuagar ligeramente con agua fría, luego escurrir y exprimir con las manos hasta que no salga más líquido.

d) Corta la pera en palitos de 5 mm (¼ de pulgada) y corta las cebolletas en trozos de 3 cm (1¼ de pulgada). Triturar el ajo.

En un bol mezclar el rábano, la pera, el cebollino, el ajo, el gochujang, el gochugaru , la salsa de anchoa fermentada, 1 cucharada de azúcar y el almíbar de jengibre.

e) Escurrir el cerdo y cortarlo en rodajas finas. Servir con el bossam kimchi. Coloque el repollo en salmuera a un lado después de quitar las tres primeras hojas exteriores.

f) Para comer, envuelva firmemente la carne y el bossam kimchi en una hoja de col.

5.Salsa Samjang

INGREDIENTES:

- 40 g (1½ oz) de pasta de chile gochujang
- 30 g (1 oz) de pasta de soja fermentada doenjang
- 1 cucharadita de azúcar
- 1 cucharada de aceite de sésamo
- ½ cucharada de semillas de sésamo
- 2 dientes de ajo machacados

INSTRUCCIONES:

a) Mezcla todos los ingredientes juntos.
b) La salsa se conservará durante 2 semanas en un recipiente cerrado en el frigorífico.

6.Kimchi Caballa/ Godeungeo Kimchi- Jorim

INGREDIENTES:

- 500 g (1 lb 2 oz) de caballa ½ cebolla
- 10 cm (4 pulgadas) de puerro (parte blanca)
- 30 g (1 oz) de adobo picante
- 25 g (1 oz) de pasta de soja fermentada doenjang
- 2 cucharadas de salsa mat ganjang
- 1 cucharada de jarabe de jengibre
- 50 ml (escaso ¼ de taza) de alcohol blanco (soju o ginebra)
- 400 g (14 oz) de kimchi de col china
- 300 ml (1¼ tazas) de agua

INSTRUCCIONES:

a) Destripa la caballa; cortarle la cabeza, las aletas y la cola.

b) Corta cada caballa en tres secciones. Corta la cebolla en rodajas de 1 cm (½ pulgada) de ancho. Corta el puerro en rodajas de 1 cm (½ pulgada) de grosor en diagonal.

c) Prepare la salsa mezclando la marinada picante, el doenjang , el mat ganjang , el sirope de jengibre y el alcohol.

d) Coloca el kimchi, sin cortarlo, en el fondo de una cacerola (idealmente ¼ de col entera). Agrega los trozos de caballa encima del kimchi. Vierta el agua, luego la salsa, asegurándose de que el pescado quede bien cubierto. Agrega la cebolla. Llevar a ebullición a fuego alto, parcialmente tapado, luego cocinar a fuego lento durante 30 minutos a fuego medio-bajo. Agrega el puerro y mezcla suavemente los ingredientes una sola vez. Cocine a fuego lento durante 10 minutos más.

7.Sopa de Vieiras/ Sigeumchi Doenjang-Guk

INGREDIENTES:

- 250 g (9 oz) de espinacas frescas
- 200 g (7 oz) de vieiras pequeñas
- 1,5 litros (6 tazas) de agua, preferiblemente del tercer lavado de arroz blanco
- 130 g (4½ oz) de pasta de soja fermentada doenjang
- 4 cucharadas de salsa matganjang
- Sal

INSTRUCCIONES:

a) Lavar bien las espinacas frescas y escurrirlas. Enjuagar las vieiras y escurrirlas.

b) Lleva el agua a ebullición. Agrega la pasta de soja fermentada doenjang .

c) cuando el doenjang Está bien disuelto , añadir las vieiras.

d) Tan pronto como se reanude la ebullición, cocine durante 5 minutos y luego agregue las espinacas. Deje que las espinacas se ablanden durante unos 3 minutos. Añade el mat ganjang . Verifique la sazón y agregue sal según sea necesario.

8.Doenjang Jjigae (estofado de pasta de soja)

INGREDIENTES:

- 1 cucharada de aceite de sésamo
- 1 cebolla, rebanada
- 2 dientes de ajo, picados
- 1 calabacín, en rodajas
- 1 papa, pelada y cortada en cubitos
- 1 taza de tofu, en cubos
- 3 cucharadas de doenjang
- 6 tazas de agua o caldo de verduras
- Cebollas verdes picadas (para decorar)

INSTRUCCIONES:

a) Caliente el aceite de sésamo en una olla y saltee el ajo y la cebolla hasta que estén fragantes.

b) Agrega el calabacín, la papa y el tofu. Revuelva por unos minutos.

c) Disuelva el doenjang en agua o caldo y agréguelo a la olla.

d) Llevar a ebullición y luego cocinar a fuego lento hasta que las verduras estén tiernas.

e) Adorne con cebollas verdes picadas antes de servir.

9. Doenjang Bulgogi (carne de res marinada con pasta de soja)

INGREDIENTES:

- 1 libra de carne de res en rodajas finas
- 3 cucharadas de doenjang
- 2 cucharadas de salsa de soja
- 2 cucharadas de azúcar
- 1 cucharada de aceite de sésamo
- 2 dientes de ajo, picados
- 1 cucharada de jengibre rallado
- Pimienta negra, al gusto.
- Semillas de sésamo (para decorar)

INSTRUCCIONES:

a) Mezcle el doenjang , la salsa de soja, el azúcar, el aceite de sésamo, el ajo, el jengibre y la pimienta negra en un bol.
b) Marina la carne en la mezcla durante al menos 30 minutos.
c) Calienta una sartén y sofríe la carne marinada hasta que esté cocida.
d) Adorne con semillas de sésamo antes de servir.

10. Doenjang vegano Jjigae (estofado de pasta de frijoles coreanos)

INGREDIENTES:

- 15 g (½ oz) de hongos shiitake secos (2-4, según el tamaño)
- 1 bolsa de yuksu o dashi vegano
- 15 ml (1 cucharada) de aceite de sésamo
- 50 g (1¾ oz) de cebolla
- 1 diente de ajo grande, pelado
- 125 g (4½ oz) de tofu semifirme
- ½ calabacín coreano, aproximadamente 150 g (5 ⅓ oz)
- 50 g (1¾ oz) de champiñones shimeji
- 50 g (1¾ oz) de champiñones enoki
- chile plátano rojo o verde
- ½ cucharadita, o al gusto de gochugaru (hojuelas de chile coreano)
- 50 g (1¾ oz) de doenjang (pasta de soja fermentada)
- 1 huevo (opcional, para vegetarianos)
- 1 cebolla tierna

SERVIR

- arroz coreano o japonés al vapor
- banchan (guarniciones coreanas) de su elección

INSTRUCCIONES:

a) Enjuague los hongos shiitake secos en agua fría, luego póngalos en un recipiente y agregue 300 ml (1¼ taza) de agua tibia. Déjelo en remojo a temperatura ambiente durante unas dos horas, hasta que esté suave. Exprime el agua de los champiñones y reserva el líquido de remojo. Retire y reserve los tallos de los champiñones, luego corte las tapas en rodajas finas.

b) Vierta el líquido de remojo en una cacerola pequeña, agregue los tallos de champiñones reservados y luego lleve a ebullición a fuego medio. Apagar el fuego, añadir la bolsita de yuksu o dashi y dejar infusionar mientras preparamos el resto de ingredientes.

c) Picar la cebolla y cortar el ajo. Corta la tofu en cubos del tamaño de un bocado. Corta el calabacín coreano en cuartos a lo largo y luego córtalo en rodajas finas. Recorta y desecha la parte inferior leñosa de los tallos del hongo enoki . Rompe los hongos enoki y shimeji en pequeños grupos. Corta el chile plátano en diagonal en trozos de unos 3 mm (⅛ de pulgada) de grosor.

d) A fuego medio-bajo, calienta una olla (preferiblemente una olla de piedra coreana) con capacidad para unos 750 ml (3 tazas) y agrega el aceite de sésamo. Agrega la cebolla y el ajo y cocina hasta que la cebolla comience a ablandarse, revolviendo con frecuencia. Espolvorea las hojuelas de chile en la olla y revuelve constantemente durante unos 30 segundos.

e) Retire los tallos de los champiñones y la bolsa de yuksu /dashi del líquido de remojo y vierta 250 ml (1 taza) en la olla, luego agregue el doenjang . Llevar a ebullición, revolviendo con frecuencia, asegurándose de que el doenjang se disuelva. Agregue las tapas de hongos shiitake en rodajas, el tofu y el calabacín y cocine a fuego lento hasta que la calabaza comience a ablandarse. Agregue los champiñones shimeji y el chile plátano y cocine a fuego lento durante unos dos minutos. Añade los champiñones enoki y cocina a fuego lento hasta que empiecen a ablandarse.

f) Si lo usa, rompa el huevo en un plato pequeño. Mueva los ingredientes de la olla hacia los lados para crear un cráter profundo y deslice el huevo, asegurándose de no romper la yema. Cocine a fuego lento durante unos minutos hasta que el huevo esté cuajado.

g) Picar la cebolleta y esparcirla sobre el guiso. Sirva inmediatamente con arroz al vapor y banchan.

11.Doenjang Bibimbap (Arroz Mixto con Verduras)

INGREDIENTES:
- Arroz cocido
- 2 cucharadas de doenjang
- 1 cucharada de aceite de sésamo
- 1 zanahoria, en juliana
- 1 calabacín, cortado en juliana
- 1 taza de brotes de soja, blanqueados
- 1 taza de espinacas, blanqueadas
- Huevos fritos (uno por ración)
- Semillas de sésamo (para decorar)

INSTRUCCIONES:
a) Mezcle el doenjang con aceite de sésamo y agregue el arroz cocido.
b) Coloque las verduras cortadas en juliana y los brotes de soja sobre el arroz.
c) Cubra con un huevo frito y espolvoree semillas de sésamo antes de servir.
d) Mezclar todo antes de comer.

12.Doenjang chigae Bokkeum (verduras de pasta de soja salteadas)

INGREDIENTES:
- 2 cucharadas de doenjang
- 1 cucharada de gochujang (pasta de pimiento rojo coreano)
- 1 cucharada de salsa de soja
- 1 cucharada de azúcar
- 1 cucharada de aceite de sésamo
- Verduras variadas (champiñones, pimientos morrones, zanahorias, etc.)
- 2 dientes de ajo, picados
- 1 cucharada de aceite vegetal

INSTRUCCIONES:
a) Mezcle doenjang , gochujang, salsa de soja, azúcar y aceite de sésamo en un bol.
b) Calienta aceite vegetal en una sartén y saltea el ajo hasta que esté fragante.
c) Agregue una variedad de verduras y saltee hasta que estén ligeramente tiernas.
d) Vierta la mezcla de doenjang sobre las verduras y revuelva hasta que estén bien cubiertas .
e) Cocine hasta que las verduras estén completamente cocidas. Servir caliente.

13.Doenjang Gui (mariscos con pasta de soja a la parrilla)

INGREDIENTES:
- Mariscos variados (camarones, calamares, mejillones)
- 3 cucharadas de doenjang
- 2 cucharadas de mirín
- 1 cucharada de miel
- 1 cucharada de aceite de sésamo
- 2 dientes de ajo, picados
- Cebollas verdes picadas (para decorar)

INSTRUCCIONES:
a) En un bol, mezcle el doenjang , el mirin, la miel, el aceite de sésamo y el ajo picado.
b) Marina los mariscos en la mezcla durante 15-20 minutos.
c) Asa los mariscos marinados hasta que estén cocidos.
d) Adorne con cebollas verdes picadas antes de servir.

14.Sopa de ramen Doenjang

INGREDIENTES:
- 2 cucharadas de doenjang
- 4 tazas de caldo de verduras o pollo
- 2 paquetes de fideos ramen
- 1 taza de champiñones rebanados
- 1 taza de bok choy bebé, picado
- 1 zanahoria, en rodajas finas
- 1 cucharada de aceite de sésamo

INSTRUCCIONES:
a) En una olla, disuelva el doenjang en el caldo y cocine a fuego lento.
b) Cocine los fideos ramen según las instrucciones del paquete.
c) Agregue champiñones, bok choy y zanahorias al caldo. Cocine a fuego lento hasta que las verduras estén tiernas.
d) Agregue el aceite de sésamo y sirva sobre fideos ramen cocidos.

15.Ensalada De Tofu Doenjang

INGREDIENTES:
- 1 bloque de tofu firme, en cubos
- 3 cucharadas de doenjang
- 2 cucharadas de vinagre de arroz
- 1 cucharada de salsa de soja
- 1 cucharada de aceite de sésamo
- Ensalada mixta de verduras
- Tomates cherry, partidos por la mitad
- Pepino, rebanado

INSTRUCCIONES:
a) Batir el doenjang , el vinagre de arroz, la salsa de soja y el aceite de sésamo.
b) Agregue el tofu en cubos al aderezo y déjelo marinar durante 15 minutos.
c) Coloque las verduras para ensalada, los tomates cherry y el pepino en un plato.
d) Cubra con tofu marinado y rocíe con aderezo adicional si lo desea.

16.Panqueques Doenjang (Bindaetteok)

INGREDIENTES:
- 1 taza de frijoles mungos remojados y molidos
- 2 cucharadas de doenjang
- 1/2 taza de kimchi picado
- 1/4 taza de cebollas verdes picadas
- 2 cucharadas de aceite vegetal

INSTRUCCIONES:
a) Mezcle los frijoles mungo molidos, el doenjang , el kimchi y las cebollas verdes en un tazón.
b) Calienta aceite en una sartén. Vierta la mezcla en la sartén para formar pequeños panqueques.
c) Cocine hasta que estén dorados por ambos lados.
d) Sirva con una salsa hecha con salsa de soja, vinagre de arroz y aceite de sésamo.

GOCHUJANG (PASTA DE CHILE ROJO FERMENTADA)

17.Gochujang _ Fideos fríos

INGREDIENTES:

- 2 dientes de ajo machacados
- 3 cucharadas de gochujang, una pasta picante
- 1 trozo de jengibre fresco del tamaño de un pulgar, pelado y rallado
- ¼ taza de vinagre de vino de arroz
- 1 cucharadita de aceite de sésamo
- 4 rábanos, cortados en rodajas finas
- 2 cucharadas de salsa de soja
- 4 huevos escalfados suaves
- 1 ½ tazas de fideos de trigo sarraceno, cocidos, escurridos y refrescados
- 1 pepino telegráfico, cortado en trozos grandes
- 2 cucharaditas, 1 de cada semilla de sésamo blanco y negro
- 1 taza de kimchi

INSTRUCCIONES:

a) Agregue la salsa picante, el ajo, la salsa de soja, el jengibre, el vinagre de vino y el aceite de sésamo a un bol y mezcle .

b) Coloque los fideos y mezcle bien, asegurándose de que queden cubiertos con la salsa.

c) Coloque en los tazones para servir, ahora agregue a cada uno el rábano, el kimchi, el huevo y el pepino.

d) Termine espolvoreando las semillas.

18. Tteokbokki salteado Con Pasta De Chile / Tteokbokki

INGREDIENTES:

- 4 huevos
- 2 tallos de cebolleta (sin bulbos)
- 200 g (7 oz) de pasta de pescado
- 500 ml (2 tazas) de agua
- 1 cubito de caldo de verduras
- 4 cucharadas de azúcar
- 300 g (10½ oz) de tteokbokki tteok
- 40 g (1½ oz) de pasta de chile gochujang
- 1 cucharada de gochugaru Chile en polvo
- 1 cucharada de salsa de soja
- ½ cucharada de ajo en polvo

INSTRUCCIONES:

a) Hervir los huevos. Corta las cebolletas en secciones de 5 cm (2 pulgadas) y luego por la mitad a lo largo. Corta la pasta de pescado en diagonal en secciones de 1,2 cm (½ pulgada) de grosor.

b) Vierte el agua en una sartén. Añade la pastilla de caldo y el azúcar. Llevar a ebullición, luego reducir inmediatamente el fuego a medio y verter el tteokbokki. ok . Cocine a fuego lento durante 5 minutos, revolviendo para evitar que se peguen al fondo de la sartén o entre sí, separándolos si es necesario. Agrega el gochujang, el gochugaru , la salsa de soja, el ajo en polvo y la pasta de pescado.

c) Cocine durante 10 minutos, revolviendo regularmente, antes de agregar los huevos duros pelados y la cebolleta. La cocción estará lista cuando el tteokbokki Los tteok están suaves y la salsa se ha reducido a la mitad y cubre bien los ingredientes.

19. Brochetas De Tteok Con Salsa Agridulce/ Tteok-Kkochi

INGREDIENTES:

- 36 tteok bokki tteok
- 3 cucharadas de salsa de tomate
- 2 cucharadas de azúcar
- 1 cucharadita de ajo en polvo
- 3 cucharadas de salsa de soja
- ½ cucharada de gochugaru Chile en polvo
- 15 g (½ oz) de pasta de chile gochujang
- 50 ml (escaso ¼ de taza) de agua
- 2 cucharadas de jarabe de maíz Aceite vegetal neutro

INSTRUCCIONES:

a) Pon a hervir una cacerola con agua. Sumergir el tteokbokki Cocer en agua hirviendo durante 3 minutos y luego escurrir. Cuando se hayan enfriado un poco, ensártalas en seis brochetas de madera (seis tteok por brocheta). si el tteokbokki tteok Recién hechas , salta este primer paso y prepara las brochetas sin dejarlas secar durante 30 minutos.

b) Combine el ketchup, el azúcar, el ajo en polvo, la salsa de soja, el gochugaru , el gochujang y los 50 ml (escaso ¼ de taza) de agua en una cacerola. Llevar a ebullición y reducir el fuego al mínimo. Cocine a fuego lento durante 5 minutos, revolviendo suavemente. Retire del fuego y agregue gradualmente el almíbar de maíz.

c) Vierta aceite vegetal en una sartén hasta la mitad de la altura de un tteokbokki. ok . Calienta y cocina cada brocheta durante 3 minutos por ambos lados.

d) Coloca las brochetas en una bandeja y unta generosamente cada lado con la salsa con una brocha de repostería. Disfrutar.

20.Pollo frito coreano/ Dakgangjeong

INGREDIENTES:

- 700 g (1 lb 9 oz) de pechugas de pollo, con piel
- 150 ml (½ taza generosa) de leche
- 2 cucharaditas de sal
- 1 cucharadita de pimentón suave
- 1 cucharadita de curry amarillo suave en polvo
- 2 cucharaditas de ajo en polvo
- 600 g (1 lb 5 oz) de masa para buñuelos coreanos
- 1 litro (4 tazas) de aceite vegetal neutro
- 3 almendras trituradas (o maní)

SALSA YANGNYEOM

- ¼manzana ½ cebolla
- 3 dientes de ajo
- 100 ml (½ taza escasa) de agua
- 5 cucharadas de salsa de tomate
- 20 g (¾ oz) de pasta de chile gochujang
- 1 cucharada de gochugaru Chile en polvo
- 4 cucharadas de salsa de soja
- 2 cucharadas de azúcar
- 5 cucharadas de jarabe de maíz
- 1 buena pizca de pimiento

INSTRUCCIONES:

a) Corta las pechugas de pollo en trozos pequeños (A). Vierta la leche sobre los trozos de pollo (B). Tapar y dejar reposar 20 minutos.

b) Escurre el pollo con un colador. Coloca los trozos de pollo en un bol con la sal, el pimentón, el curry y el ajo en polvo. Masajea las especias en el pollo. Mezclar con la masa de buñuelos.

c) Calienta el aceite a 170°C (340°F). Para comprobar la temperatura, dejar caer una gota de masa en el aceite: si sube inmediatamente a la superficie, la temperatura es la correcta. Asegúrese de que cada trozo de pollo esté bien cubierto con masa y colóquelos en el aceite (C). Los trozos de pollo no deben pegarse entre sí en el aceite. Freír durante unos 5 minutos. Saca el pollo y déjalo escurrir durante 5 minutos sobre una rejilla. Freír nuevamente durante 3 minutos y dejar escurrir durante 5 minutos.

d) Para la salsa yangnyeom , haga puré la manzana, la cebolla y el ajo en un procesador de alimentos pequeño. Combine con el agua, la salsa de tomate, el gochujang, el gochugaru , la salsa de soja, el azúcar, el jarabe de maíz y la pimienta. Calienta la mezcla en una sartén o sartén a fuego alto. Cuando la salsa hierva a fuego lento, justo antes de hervir, reduzca el fuego. Mezclar muy suavemente una o dos veces. Cocine a fuego lento durante 7 minutos, revolviendo. Agrega el pollo frito y calienta a fuego medio. Cubra con cuidado el pollo con la salsa (D) y luego cocine a fuego lento durante 2 minutos. Sirva espolvoreado con almendras trituradas o maní (EF).

e) AGREGAR Puedes servir este pollo con unos pepinillos de rábano blanco cortado en cubitos y decorar con unas rodajas de limón en conserva, asado al horno, si lo deseas.

21.Rollitos De Calamar Con Crudités/ Ojingeo - Mari

INGREDIENTES:

- 4 tubos de calamar
- ½ pimiento rojo (pimiento)
- ½ pimiento amarillo (pimiento)
- zanahoria
- Pepino en trozos de 10 cm (4 pulgadas)
- 20 rodajas de rábano blanco encurtido en rodajas

SALSA PICANTE

- 25 g (1 oz) de pasta de chile gochujang
- 1 cucharada de vinagre de manzana o de manzana
- 1 cucharada de azúcar
- 1 cucharada de limón en conserva
- ½ cucharada de salsa de soja
- 1 cucharadita de aceite de sésamo
- 1 pizca de semillas de sésamo

SALSA NO PICANTE

- 1 cucharada de salsa de soja
- ½ cucharada de azúcar
- 2 cucharadas de vinagre de manzana o de manzana
- ½ cucharadita de mostaza
- 2 cebollines, picados

INSTRUCCIONES:

a) Quitar la piel del tubo de calamar y el pico transparente central si es necesario, luego lavar y escurrir. Abre los tubos por la mitad. En la superficie exterior de los calamares, marcar un patrón de cuadrícula muy apretado con un cuchillo afilado sin perforar.

b) Pon a hervir una olla con agua con sal. Sumerge los tubos de calamar en el agua. Cocine por 5 minutos, luego escurra. Dejar enfriar.

c) Corta los pimientos y la zanahoria en palitos de 5 mm (¼ de pulgada). Con un cuchillo retira la parte central del pepino con las semillas; Sólo se utilizará la parte exterior . Cortar en palitos.

d) En cada tubo de calamar disponer 5 rodajas de rábano blanco encurtido, un poco de zanahoria, pepino y pimiento. Cerrar enrollando. Perfora el rollo cada 2 cm (¾ de pulgada) con palillos. Corta entre cada palillo para hacer rollos pequeños.

e) Mezcle los ingredientes de la salsa que elija (picantes o no picantes) y disfrútelos sumergiendo los rollos de calamar en la salsa.

22. Ensalada picante de rábano blanco/Mu-Saengchae

INGREDIENTES:

- 450 g (1 libra) de rábano blanco (daikon)
- ½ cucharada de sal 3 cucharadas de azúcar
- 1 tallo de cebolla tierna (sin bulbo)
- 3 dientes de ajo
- 15 g (½ oz) de gochugaru Chile en polvo
- 4 cucharadas de vinagre de manzana o de manzana
- 1 cucharada de salsa de anchoas fermentada
- 1 cucharadita de semillas de sésamo
- ½ cucharadita de jengibre molido
- Sal

INSTRUCCIONES:

a) Corta el rábano blanco en palitos. Mezclar el rábano con la sal y el azúcar, dejar reposar 10 minutos y luego escurrir el jugo. Corta la cebolleta en trozos de 5 mm (¼ de pulgada) y machaca el ajo.

b) Después de los 10 minutos de reposo, combine todas las verduras en el recipiente que contiene el rábano blanco escurrido. Agrega el gochugaru , el vinagre, la salsa de anchoas, las semillas de sésamo y el jengibre molido. Mezcla bien y deja reposar por un mínimo de 30 minutos para que el rábano tome los sabores del condimento.

c) Servir frío, rectificando la sazón con un poco de sal según sea necesario.

23.Estofado de tofu y kimchi en puré

INGREDIENTES:

- 300 g (10½ oz) de paleta de cerdo deshuesada
- 280 g (10 oz) de kimchi de col china
- 2 dientes de ajo
- ½ cucharada de azúcar
- ½ cucharada de aceite de sésamo
- 700 g (1 libra 9 oz) de tofu firme
- 2 cucharadas de aceite vegetal neutro
- 1 cucharadita de gochugaru chile en polvo (opcional)
- 400 ml (1½ tazas) de agua
- 10 cm (4 pulgadas) de puerro (parte blanca)
- 2 cucharadas de salsa de anchoa fermentada
- Sal

INSTRUCCIONES:

a) Corta la paleta de cerdo en cubos de 1 cm (½ pulgada). Coloca el kimchi en un bol y utiliza unas tijeras para cortarlo en trozos pequeños.

b) Triturar el ajo y añadir al kimchi junto con el azúcar y el aceite de sésamo. Agrega la carne de cerdo y mezcla bien con las manos.

c) Tritura el tofu con un machacador de patatas, asegurándote de que no queden trozos grandes.

d) Calentar el aceite vegetal en una cacerola. Cuando esté caliente, agrega la mezcla de carne de cerdo y kimchi. Saltear durante 8 minutos, añadiendo el gochugaru. chile en polvo para una versión más picante.

e) Agrega el agua. Llevar a ebullición y cocinar durante 10 minutos. Mientras tanto, corta el puerro en tiras finas. Agrega el tofu triturado al cazo con la salsa de anchoas fermentadas. Cocine por 5 minutos. Verifique la sazón y ajuste con sal según sea necesario. Agrega el puerro y cocina por 5 minutos. Servir caliente.

24.Bibimbap Casero / Bibimbap

INGREDIENTES:

- 1 cucharada neutra
- aceite vegetal
- 1 huevo
- 1 tazón de arroz blanco cocido, caliente
- 1 puñado de rábano blanco salteado
- 1 puñado de espinacas y sésamo
- 1 puñado de ensalada de rábano blanco picante
- 1 puñado de sésamo
- brotes de soja
- 1 puñado de champiñones salteados
- 1 puñado de calabacines salteados
- Salsa de piñones o semillas de sésamo
- 20 g (¾ oz) de pasta de chile gochujang
- 1 cucharada de aceite de sésamo

INSTRUCCIONES:

a) Cubra una sartén de 9 cm (3½ pulgadas) de diámetro con aceite vegetal. Calienta el aceite a fuego medio. Rompe el huevo en la sartén. Con una cuchara, mueve suavemente la yema del huevo para que quede en el medio. Sostenga la yema de huevo así hasta que cuaje. Reducir el fuego al mínimo y sofreír hasta que la clara esté cocida.

b) Coloque un tazón de arroz caliente en el fondo del tazón para servir. Coloque el huevo encima de la cúpula de arroz con la yema bien en el medio. Coloque el rábano blanco salteado, las espinacas con sésamo, la ensalada picante de rábano blanco, los brotes de soja con sésamo, los champiñones salteados y el calabacín salteado alrededor del huevo. el mismo color Los ingredientes no deben tocarse entre sí. Espolvoreamos unos cuantos piñones o semillas de sésamo por encima.

c) Mezcle los ingredientes de la salsa y rocíe directamente en el tazón para servir. Para una versión menos picante, reemplaza el gochujang con salsa de soja.

d) Para comer el bibimbap , mezcla todos los ingredientes con una cuchara, cortando el huevo en trozos. Los ingredientes y la salsa deben distribuirse uniformemente.

25.Fideos fríos de kimchi/ Bibim-Guksu

INGREDIENTES:

- 1 huevo
- 120 g (4¼ oz) de kimchi de col china
- 1 cucharadita de azúcar
- 1 cucharadita de aceite de sésamo
- 5 cm (2 pulgadas) de pepino
- 200 g (7 oz) de fideos somyeon (somen)

SALSA

- 60 g (2¼ oz) de pasta de chile gochujang
- 5 cucharadas de vinagre de manzana o de manzana
- 3 cucharadas de azúcar
- 3 cucharadas de salsa de soja
- 2 cucharaditas de ajo en polvo
- 2 cucharaditas de aceite de sésamo
- 2 cucharaditas de semillas de sésamo
- 1 pizca de pimienta

INSTRUCCIONES:

a) Sumergir el huevo en una cacerola con agua fría y llevar a ebullición. Cocine por 9 minutos, luego refresque el huevo con agua fría y pélelo. Lava el kimchi y exprímelo con las manos para quitarle el jugo, luego córtalo en trozos pequeños. Mézclalo bien con el azúcar y el aceite de sésamo. Corta el pepino en palitos.

b) Mezclar todos los ingredientes de la salsa.

c) Hierva agua con sal en una cacerola y agregue los fideos somyeon . Cuando el agua vuelva a hervir, añadir 200 ml (¾ taza generosa) de agua fría. Repita este proceso una segunda vez.

d) Al tercer hervor, escurrir los fideos. Póngalos bajo agua fría y agítelos con la mano para eliminar la mayor cantidad de almidón posible.

e) Coloca los fideos en el medio de los tazones para servir. Vierta un poco de salsa en cada tazón y luego coloque el kimchi y el pepino encima. Coloque la mitad de un huevo duro en el medio de cada tazón. Mezcle todos los ingredientes mientras come.

26.Bulgogi De Cerdo / Dwaeji-Bulgogi

INGREDIENTES:

- 700 g (1 lb 9 oz) de paleta de cerdo
- 2 cucharadas de jarabe de jengibre
- 1 cucharada de azúcar
- 1 zanahoria
- calabacín (calabacín)
- 1 cebolla
- 10 cm (4 pulgadas) de puerro (parte blanca)
- 60 g (2¼ oz) de adobo picante
- 20 g (¾ oz) de pasta de chile gochujang
- 6 cucharadas de salsa de soja
- 1 cucharada de salsa de anchoas fermentada
- 2 cucharadas de alcohol blanco (soju o ginebra)

INSTRUCCIONES:

a) Cortar la carne de cerdo en rodajas finas. Marine las lonchas de cerdo en el almíbar de jengibre y el azúcar durante 20 minutos.

b) Corta la zanahoria en tres secciones, luego cada sección por la mitad a lo largo y por último en tiras a lo largo. Cortar el calabacín en dos secciones, luego cada sección por la mitad a lo largo y por último en tiras a lo largo. Corta la cebolla por la mitad y luego en rodajas de 1 cm (½ pulgada) de ancho. Corta el puerro en secciones de 1 cm (½ pulgada) en diagonal.

c) Mezclar la carne con la marinada picante, el gochujang, la salsa de soja, la salsa de anchoas fermentadas y el alcohol. Calienta una sartén. Cuando esté caliente añade la carne y sofríe durante 20 minutos a fuego alto.

d) Agrega las verduras. Sofría durante 10 minutos. Cuando las verduras se hayan ablandado un poco, sírvelas calientes. También puedes comer esto como ssambap , si lo deseas.

CHEONGGUKJANG (SOJA DE FERMENTACIÓN RÁPIDA)

27.Estofado de Cheonggukjang (Cheonggukjang Jjigae)

INGREDIENTES:
- 1 taza de cheonggukjang
- 1/2 taza de tofu, en cubos
- 1/2 taza de calabacín, en rodajas
- 1/2 taza de champiñones, rebanados
- 1/4 taza de cebolla, en rodajas finas
- 2 dientes de ajo, picados
- 1 cebolla verde, picada
- 1 cucharada de salsa de soja
- 1 cucharadita de aceite de sésamo
- 4 tazas de agua

INSTRUCCIONES:
a) En una olla, ponga agua a hervir.
b) Agregue el cheonggukjang y reduzca el fuego a fuego lento.
c) Agrega el tofu, el calabacín, los champiñones, la cebolla y el ajo.
d) Cocine hasta que las verduras estén tiernas.
e) Sazone con salsa de soja y aceite de sésamo.
f) Adorne con cebollas verdes picadas.

28.Cheonggukjang Bibimbap

INGREDIENTES:

- 2 tazas de arroz cocido
- 1 taza de cheonggukjang
- 1 taza de espinacas, blanqueadas
- 1 taza de brotes de soja, blanqueados
- 1 zanahoria, cortada en juliana y salteada
- 1 calabacín, cortado en juliana y salteado
- 2 huevos fritos
- Aceite de sésamo, para rociar
- Salsa de soja, para servir

INSTRUCCIONES:

a) Coloque el arroz en un bol.
b) Coloque encima el cheonggukjang , las espinacas, los brotes de soja, la zanahoria y el calabacín.
c) Cubra con un huevo frito.
d) Rocíe con aceite de sésamo y sirva con salsa de soja.

29.Panqueques Cheonggukjang (Cheonggukjang Buchimgae)

INGREDIENTES:

- 1 taza de cheonggukjang
- 1/2 taza de harina para todo uso
- 1/4 taza de agua
- 1/2 cebolla, en rodajas finas
- 1/2 zanahoria, en juliana
- Aceite vegetal para freír
- Salsa de soja

INSTRUCCIONES:

a) En un tazón, mezcle el cheonggukjang , la harina y el agua para hacer una masa.

b) Agregue la cebolla en rodajas y la zanahoria en juliana a la masa.

c) Calienta el aceite en una sartén a fuego medio.

d) Vierta la masa en la sartén para hacer panqueques.

e) Freír hasta que estén doradas por ambos lados.

f) Sirva con salsa de soja.

30.Fideos Cheonggukjang (Cheonggukjang bibim Guksu)

INGREDIENTES:

- 200 g de fideos de trigo sarraceno, cocidos y enfriados
- 1 taza de cheonggukjang
- 1 cucharada de gochujang (pasta de pimiento rojo coreano)
- 1 cucharada de aceite de sésamo
- 1 pepino, en juliana
- 1 rábano, en juliana
- Semillas de sésamo para decorar

INSTRUCCIONES:

a) En un bol, mezcle el cheonggukjang , el gochujang y el aceite de sésamo.
b) Agregue fideos de trigo sarraceno cocidos y enfriados a la salsa.
c) Mezcle los fideos con el pepino y el rábano.
d) Adorne con semillas de sésamo antes de servir.

31.Arroz frito cheonggukjang y kimchi

INGREDIENTES:

- 2 tazas de arroz cocido
- 1 taza de cheonggukjang
- 1 taza de kimchi, picado
- 1/2 taza de panceta de cerdo o tofu, cortado en cubitos
- 1/4 taza de cebollas verdes, picadas
- 2 dientes de ajo, picados
- 2 cucharadas de salsa de soja
- 1 cucharada de aceite de sésamo
- 1 huevo frito (opcional)

INSTRUCCIONES:

a) Caliente el aceite en una sartén y saltee la panceta de cerdo o el tofu hasta que esté cocido.

b) Agregue el ajo picado, el cheonggukjang y el kimchi. Revuelva bien.

c) Agregue el arroz cocido y saltee hasta que esté completamente caliente.

d) Sazone con salsa de soja y aceite de sésamo.

e) Cubra con cebollas verdes picadas y un huevo frito si lo desea.

32.Cheonggukjang y salteado de verduras

INGREDIENTES:
- 1 taza de cheonggukjang
- 2 tazas de vegetales mixtos (pimientos morrones, brócoli, zanahorias, etc.)
- 1/2 taza de tofu firme, en cubos
- 2 cucharadas de salsa de soja
- 1 cucharada de aceite de sésamo
- 1 cucharada de aceite vegetal
- Semillas de sésamo para decorar

INSTRUCCIONES:
a) Calienta aceite vegetal en un wok o sartén.
b) Agrega el tofu y sofríe hasta que esté dorado.
c) Agregue las verduras mixtas y cocine hasta que estén ligeramente tiernas.
d) Agregue el cheonggukjang , la salsa de soja y el aceite de sésamo.
e) Cocine hasta que esté bien combinado y completamente caliente.
f) Adorne con semillas de sésamo antes de servir.

SSAMJANG (SALSA PARA MOJAR)

33.Bulgogi de ternera Ssambap (Bulgogi) Ssambap)

INGREDIENTES:
- 700 g (1 lb 9 oz) de costilla de res, en rodajas muy finas

MARINADO DE BARBACOA
- 1 cucharada de aceite de sésamo
- ½ cebolla
- 3 champiñones pyogo (shiitake) o champiñones
- ½ zanahoria
- 10 cm (4 pulgadas) de puerro (parte blanca)

RELLENO DE SAMBAP
- ½ lechuga cos Arroz blanco cocido, caliente
- salsa ssamjang
- 1 endibia
- Pepinillos de rábano blanco

INSTRUCCIONES:
a) Corta la carne en rodajas finas en tiras del tamaño de un bocado. Vierta la marinada para barbacoa y el aceite de sésamo sobre la carne y mezcle para cubrir bien la carne. Dejar reposar en el frigorífico al menos 12 horas.

b) Cortar la cebolla y los champiñones en tiras, la zanahoria en palitos y la clara de puerro en rodajas de 5 mm en diagonal.

c) Calienta una sartén. Cuando esté caliente colocar la carne y el adobo en la sartén y esparcir por toda la superficie. Agrega las verduras. Revuelve regularmente durante unos 10 minutos hasta que la carne esté completamente cocida.

d) Lavar las hojas de cos y rellenar con un bocado de arroz y un toque de salsa ssamjang . Lavar las hojas de escarola y rellenar con una rodaja de pepinillos de rábano blanco, un bocado de arroz y un toque de salsa ssamjang . Come las hojas rellenas de carne.

e) La carne se puede conservar cruda en su adobo en el refrigerador hasta por 2 días.

34.Cerdo asado coreano (Samgyeopsal)

INGREDIENTES:

- 1 kg (2 lb 4 oz) de panceta de cerdo sin condimentar, en rodajas
- 8 champiñones
- 2 champiñones saesongyi (champiñones ostra)
- 1 cebolla
- 300 g (10½ oz) de kimchi de col china
- salsa ssamjang
- Sal marina y pimienta

ARROZ FRITO

- 2 tazones de arroz blanco cocido
- 1 yema de huevo
- 200 g (7 oz) de kimchi de col china
- Un poco de alga gim (nori)
- 1 cucharada de aceite de sésamo

INSTRUCCIONES:

a) Calienta una sartén de hierro fundido, una sartén o una parrilla de mesa. Cuando esté caliente, coloca las lonchas de panceta de cerdo en la sartén o parrilla caliente.

b) Espolvorea con sal marina y pimienta. Después de 3 a 5 minutos, cuando la sangre suba por el lado visible de la carne, déle la vuelta. El primer lado debe estar dorado . Agregue las verduras preparadas (ver más abajo) alrededor de la carne. Cocine de 3 a 5 minutos; cuando la sangre suba a la superficie, gire nuevamente. Después de 3 minutos, corta la carne con unas tijeras. Luego, cada invitado puede servirse él mismo .

VERDURAS

c) Champiñones: Quitar el tallo. Coloque la taza de champiñones boca abajo sobre la parrilla. Cuando la taza se llene de jugo, agrega un poco de sal. Disfrutar. Hongos saesongyi : córtelos en rodajas de 5 mm (¼ de pulgada) de arriba a abajo. Cocine cada lado hasta que estén dorados. Comer con salsa ssamjang .

d) Cebolla: Cortar en rodajas de 1 cm (½ pulgada) de grosor. Cocine cada lado hasta que estén dorados. Empacar en un ssam o simplemente mojarlo en salsa ssamjang .

e) Kimchi de col china: Se come crudo, pero también se puede cocinar a la parrilla.

ARROZ FRITO

f) Hacia el final de la barbacoa, cuando queden pocos ingredientes en la parrilla, puedes finalizar la comida preparando arroz frito.

g) Para ello, añade los ingredientes del arroz frito y mézclalos con los que ya están en la parrilla.

h) También puedes añadir un poco de ensalada de puerros y sofreírla junto con el arroz si quieres.

35.Ssamjang (Samgyeopsal Sam)

INGREDIENTES:
- 1 libra de rebanadas de panceta de cerdo
- Ssamjang
- Hojas de lechuga
- Dientes de ajo, picados
- Cebollas verdes en rodajas
- aceite de sésamo
- Arroz al vapor

INSTRUCCIONES:
a) Ase las rebanadas de panceta de cerdo hasta que estén cocidas.
b) Coloca una hoja de lechuga en tu palma.
c) Agrega una cucharada de arroz al vapor y un trozo de panceta de cerdo asada.
d) Unte ssamjang sobre la carne de cerdo.
e) Agregue el ajo picado, las cebolletas en rodajas y un chorrito de aceite de sésamo.
f) ¡Envuelve y disfruta!

36. Wraps de lechuga y tofu Ssamjang

INGREDIENTES:
- Tofu firme, cortado en rectángulos
- Ssamjang
- Hojas de lechuga
- Zanahorias ralladas
- Pepino, en juliana
- semillas de sésamo

INSTRUCCIONES:
a) Freír el tofu hasta que esté dorado.
b) Coloque una rodaja de tofu sobre una hoja de lechuga.
c) Unte ssamjang sobre el tofu.
d) Agrega las zanahorias ralladas y el pepino cortado en juliana.
e) Espolvorea semillas de sésamo encima.
f) Doblar y asegurar con un palillo.

37.Tazones de arroz con carne Ssamjang

INGREDIENTES:

- 1 libra de carne de res en rodajas finas (chuletón o solomillo)
- Ssamjang
- arroz blanco cocido
- kimchi
- Rábanos en rodajas
- semillas de sésamo

INSTRUCCIONES:

a) Sofríe la carne en rodajas hasta que esté cocida.
b) Mezcle el ssamjang con el arroz cocido.
c) Sirva la carne sobre el arroz ssamjang .
d) Agregue una guarnición de kimchi y rábanos en rodajas.
e) Espolvoree semillas de sésamo antes de servir.

38.Plato de verduras Ssamjang

INGREDIENTES:
- Ssamjang
- Verduras frescas variadas (pepino, pimiento morrón, zanahoria)
- Rodajas de batata al vapor
- de perilla coreana (kkaennip)
- Aceite de sésamo para mojar

INSTRUCCIONES:
a) Cortar las verduras en tiras finas.
b) Coloca las verduras y las rodajas de boniato en un plato.
c) Coloque un plato de ssamjang en el centro.
d) Rocíe aceite de sésamo sobre el ssamjang .
e) Sumerja las verduras en ssamjang antes de comerlas.

CHUNJANG (SALSA DE FRIJOLES NEGROS)

39.Tteokbokki Con Pasta De Frijoles Negros/ Jjajang-Tteokbokki

INGREDIENTES:

- 300 g (10½ oz) de tteokbokki tteok
- 150 ml (½ taza generosa) de agua
- 3 cucharadas de azúcar
- 150 g (5½ oz) de col blanca
- zanahoria
- ½ cebolla morada
- 1 cebolleta (cebolleta)
- 2 cm (¾ pulgada) de puerro (parte blanca)
- 150 g (5½ oz) de panceta de cerdo
- 150 g (5½ oz) de pasta de pescado
- 2 cucharadas de aceite vegetal neutro
- 50 g (1¾ oz) sin freír pasta de frijol negro chunjang
- 1 cucharada de salsa de soja
- 1 cucharada de jarabe de jengibre

INSTRUCCIONES:

a) De pie el tteokbokki Cocer en el agua con el azúcar durante 20 minutos.

b) Corta la col blanca en tiras de 5 cm (2 pulgadas) de largo por 1 cm (½ pulgada) de ancho. Cortar la zanahoria en palitos y la cebolla en tiras finas. Cortar el bulbo de cebolleta en tiras y el tallo en diagonal en secciones de 3 cm de largo y picar el puerro.

c) Corta la panceta de cerdo en cubos pequeños. Corta la pasta de pescado en diagonal en secciones de 1 cm (½ pulgada) de grosor.

d) Calienta el aceite y la pasta de chunjang en una sartén a fuego alto. Una vez que empiece a hervir, revuelve continuamente durante 5 minutos. Vierta el chunjang frito en un colador de malla fina sobre un bol. Dejar escurrir unos minutos para recuperar el aceite. Echa el aceite en una sartén y añade el puerro. Calentar a fuego lento.

e) Cuando el puerro se vuelva aromático, agregue los dados de cerdo, la salsa de soja y el almíbar de jengibre. Sofreír durante 3 minutos a fuego alto. Añade las verduras restantes (excepto el tallo de la cebolleta), la pasta de pescado y el chunjang . Revuelva mientras cocina durante 5 minutos.

f) Agrega el tteokbokki tteok y agua de remojo a la sartén.

g) Deje cocinar a fuego lento durante 10 a 15 minutos a fuego medio. Cinco minutos antes de finalizar la cocción, añadir el tallo de la cebolleta. Servir caliente.

40.Jajangmyeon (fideos de frijoles negros)

INGREDIENTES:
- 200 g de chunjang
- 200 g de panceta de cerdo cortada en cubitos
- 2 tazas de cebollas, finamente picadas
- 1 taza de calabacín, cortado en cubitos
- 1 taza de papas, cortadas en cubitos
- 1 taza de zanahorias, cortadas en cubitos
- 4 tazas de fideos cocidos (preferiblemente fideos de trigo)

INSTRUCCIONES:
a) Calienta Chunjang en un wok o sartén grande.
b) Agregue la panceta de cerdo cortada en cubitos y cocine hasta que se dore.
c) Agregue las cebollas, los calabacines, las patatas y las zanahorias. Sofríe hasta que las verduras estén tiernas.
d) Vierta una taza de agua y cocine a fuego lento hasta que la salsa espese.
e) Sirve la salsa sobre los fideos cocidos.

41.Jajangbap (tazón de arroz con frijoles negros)

INGREDIENTES:

- 200 g de chunjang
- 200 g de carne molida
- 1 taza de cebollas, picadas
- 1 taza de guisantes verdes
- 1 taza de arroz cocido

INSTRUCCIONES:

a) Calienta el Chunjang en una sartén.
b) Agregue la carne molida y cocine hasta que se dore.
c) Agregue las cebollas y los guisantes, revolviendo hasta que las verduras estén tiernas.
d) Vierte una taza de agua y deja cocinar a fuego lento hasta que la salsa espese.
e) Sirve la salsa sobre un bol de arroz cocido.

42.Jajang Tteokbokki (pastel de arroz con frijoles negros)

INGREDIENTES:
- 200 g de chunjang
- 1 taza de tortas de arroz
- 1 taza de tortas de pescado, en rodajas
- 1 taza de repollo, rallado
- 2 tazas de agua

INSTRUCCIONES:
a) Calienta el Chunjang en una sartén.
b) Agregue las tortas de arroz, las tortas de pescado y el repollo.
c) Vierta agua y cocine a fuego lento hasta que la salsa espese y los pasteles de arroz estén tiernos.
d) Servir caliente.

43.Jajang Mandu (albóndigas de frijoles negros)

INGREDIENTES:

- 200 g de chunjang
- 1 taza de carne de cerdo molida
- 1 taza de tofu, desmenuzado
- 1 taza de cebollas, finamente picadas
- Envoltorios de bola de masa

INSTRUCCIONES:

a) Mezcle el chunjang , la carne de cerdo molida, el tofu y la cebolla en un bol.

b) Coloca una cucharada de la mezcla sobre un envoltorio de bola de masa.

c) Doblar y sellar las albóndigas.

d) Cocine al vapor o fría las albóndigas hasta que estén cocidas.

e) Sirva con una salsa hecha de Chunjang mezclada con salsa de soja.

YANGNYEOM JANG (SALSA DE SOJA CONDIMENTADA)

44.Adobo picante/ Maeun Yangnyeomjang

INGREDIENTES:

- 2 cebollas
- 2 cabezas de ajo
- 260 g (9¼ oz) de gochugaru Chile en polvo
- 200 ml (generoso ¾ taza) de salsa de anchoas fermentadas
- 200 ml (generoso ¾ taza) de almíbar de jengibre

INSTRUCCIONES:

a) Pele las cebollas y procese en un procesador de alimentos pequeño. Pelar los dientes de ajo y triturar.

b) Mezclar el ajo y la cebolla con el gochugaru , la salsa de anchoa fermentada y el almíbar de jengibre. La consistencia debe ser bastante espesa. Si la marinada queda demasiado líquida, agregue más gochugaru . Vierta la salsa en un frasco o botella preesterilizado .

c) Esta salsa se conserva unos 6 meses en el frigorífico.

d) CONSEJO Si necesitas mojar la cebolla para procesarla adecuadamente, usa salsa de anchoas en lugar de agua.

45.Adobo De Barbacoa/ Bulgogi Yangnyeom

INGREDIENTES:

- 1 cebolla
- 5 g (⅛ oz) de jengibre fresco
- ½ pera
- 6 dientes de ajo
- 100 ml (escasa ½ taza) de salsa de soja
- 50 ml (escaso ¼ de taza) de alcohol blanco (soju o ginebra)
- 2 cucharadas de miel
- 35 g (1¼ oz) de azúcar
- 1 cucharadita de pimienta

INSTRUCCIONES:

a) Pelar la cebolla y el jengibre. Pelar y quitar el corazón de la pera. Pelar los dientes de ajo. Procese todo junto en un pequeño procesador de alimentos.

b) ingredientes procesados con la salsa de soja, el alcohol, la miel, el azúcar y la pimienta.

c) Esta salsa se puede conservar durante 1 semana en el frigorífico. Sin embargo, lo mejor es marinar la carne justo después de haber elaborado la salsa . La carne adobada se puede conservar durante 2 días.

46.Yangnyeom Jang

INGREDIENTES:
- 2 libras de alitas de pollo
- 1/4 taza de Yangnyeom Jang
- 2 cucharadas de salsa de soja
- 1 cucharada de miel
- 1 cucharada de aceite de sésamo
- 2 dientes de ajo, picados
- Semillas de sésamo y cebollas verdes para decorar.

INSTRUCCIONES:
a) En un bol, mezcle el Yangnyeom Jang, la salsa de soja, la miel, el aceite de sésamo y el ajo picado.
b) Cubre las alitas de pollo con la marinada y déjalas marinar durante al menos 30 minutos.
c) Precalienta el horno a 400°F (200°C). Hornea las alitas hasta que estén doradas y bien cocidas.
d) Adorne con semillas de sésamo y cebollas verdes picadas antes de servir.

47.Salteado de tofu glaseado Yangnyeom Jang

INGREDIENTES:
- 1 bloque de tofu firme, en cubos
- 1/4 taza de Yangnyeom Jang
- 2 cucharadas de salsa de soja
- 1 cucharada de aceite de sésamo
- 1 cucharada de aceite vegetal
- Verduras mixtas (pimientos morrones, brócoli, zanahorias)
- Arroz cocido para servir

INSTRUCCIONES:
a) Mezcle Yangnyeom Jang, salsa de soja y aceite de sésamo en un bol.
b) Agregue el tofu en cubos a la salsa y déjelo marinar durante 15 minutos.
c) Calienta aceite vegetal en una sartén y sofríe el tofu hasta que esté dorado.
d) Agregue las verduras mixtas y continúe salteando hasta que estén tiernas. Sirva sobre arroz cocido.

48.Brochetas de camarones a la parrilla glaseadas Yangnyeom Jang

INGREDIENTES:
- 1 libra de camarones grandes, pelados y desvenados
- 1/4 taza de Yangnyeom Jang
- 2 cucharadas de vinagre de arroz
- 1 cucharada de salsa de soja
- 1 cucharada de aceite de sésamo
- Brochetas de madera remojadas en agua.
- Gajos de lima para servir

INSTRUCCIONES:
a) En un tazón, mezcle el Yangnyeom Jang, el vinagre de arroz, la salsa de soja y el aceite de sésamo.
b) Ensarte los camarones en brochetas y unte con la mezcla de Yangnyeom Jang.
c) Ase las brochetas de camarones hasta que estén bien cocidas y ligeramente caramelizadas.
d) Sirva con rodajas de lima para exprimir.

49.Salsa Yangnyeom Jang para albóndigas

INGREDIENTES:
- 1/4 taza de Yangnyeom Jang
- 1 cucharada de vinagre de arroz
- 1 cucharadita de aceite de sésamo
- 1 cucharadita de azúcar
- 1 cebolla verde, finamente picada

INSTRUCCIONES:
a) Mezcle Yangnyeom Jang, vinagre de arroz, aceite de sésamo, azúcar y cebolla verde picada en un bol.
b) Revuelva hasta que esté bien combinado.
c) Úselo como salsa para sus albóndigas favoritas.

50.Salteado de carne Yangnyeom Jang

INGREDIENTES:

- 1 libra de solomillo de res, en rodajas finas
- 1/4 taza de Yangnyeom Jang
- 2 cucharadas de salsa de soja
- 1 cucharada de aceite de sésamo
- 1 cucharada de aceite vegetal
- 1 pimiento rojo, en rodajas finas
- 1 cebolla, en rodajas finas
- Arroz cocido para servir

INSTRUCCIONES:

a) En un bol, mezcle el Yangnyeom Jang, la salsa de soja y el aceite de sésamo.

b) Marina la carne en rodajas en la mezcla durante 15 a 20 minutos.

c) Caliente el aceite vegetal en una sartén y saltee la carne hasta que se dore.

d) Agregue el pimiento morrón y la cebolla en rodajas y sofría hasta que las verduras estén tiernas. Sirva sobre arroz cocido.

51.Yangnyeom Jang

INGREDIENTES:
- 1 libra de filetes de salmón, cortados en trozos
- 1/4 taza de Yangnyeom Jang
- 2 cucharadas de vinagre de arroz
- 1 cucharada de salsa de soja
- 1 cucharada de miel
- Brochetas de madera remojadas en agua.
- Semillas de sésamo para decorar

INSTRUCCIONES:
a) En un tazón, mezcle el Yangnyeom Jang, el vinagre de arroz, la salsa de soja y la miel.
b) Enhebre trozos de salmón en brochetas y unte con la mezcla de Yangnyeom Jang.
c) Ase las brochetas de salmón hasta que estén bien cocidas, untándolas con más salsa según sea necesario.
d) Adorne con semillas de sésamo antes de servir.

52.Fideos Yangnyeom Jang

INGREDIENTES:
- 8 oz de fideos (ramen o soba)
- 1/4 taza de Yangnyeom Jang
- 2 cucharadas de salsa de soja
- 1 cucharada de aceite de sésamo
- 1 pepino, en juliana
- 1 zanahoria, en juliana
- Semillas de sésamo y cebollas verdes para decorar.

INSTRUCCIONES:
a) Cocine los fideos según las instrucciones del paquete, luego enjuáguelos con agua fría y escúrralos.
b) En un bol, mezcle el Yangnyeom Jang, la salsa de soja y el aceite de sésamo.
c) Mezcle los fideos cocidos con la salsa, el pepino y la zanahoria.
d) Adorne con semillas de sésamo y cebollas verdes antes de servir.

53.Yangnyeom Jang

INGREDIENTES:

- 1 bloque de tofu firme, cortado en cubos
- 1/4 taza de Yangnyeom Jang
- 2 cucharadas de salsa de soja
- 1 cucharada de aceite de sésamo
- Brochetas de madera remojadas en agua.
- Semillas de sésamo para decorar

INSTRUCCIONES:

a) Mezcle Yangnyeom Jang, salsa de soja y aceite de sésamo en un bol.
b) Enhebre los cubitos de tofu en las brochetas y unte con la mezcla de Yangnyeom Jang.
c) Asa u hornea las brochetas de tofu hasta que estén doradas.
d) Espolvorea con semillas de sésamo antes de servir.

MAESIL JANG (SALSA DE CIRUELA)

54.Alitas de pollo glaseadas Maesil Jang

INGREDIENTES:
- 1 kilo de alitas de pollo
- 1/2 taza de maesil jang
- 1/4 taza de salsa de soja
- 2 cucharadas de miel
- 2 dientes de ajo, picados
- 1 cucharadita de jengibre rallado
- Semillas de sésamo y cebollas verdes para decorar.

INSTRUCCIONES:
a) mezclar maesil Jang , salsa de soja, miel, ajo y jengibre en un bol para hacer el glaseado.
b) Cubra las alitas de pollo con el glaseado y déjelas marinar durante al menos 30 minutos.
c) Precalienta el horno a 200°C (400°F).
d) Hornea las alitas en el horno durante 40-45 minutos o hasta que estén crujientes y bien cocidas.
e) Adorne con semillas de sésamo y cebollas verdes picadas antes de servir.

55.Aderezo para ensalada Maesil Jang

INGREDIENTES:
- 1/4 taza de maesil jang
- 2 cucharadas de aceite de oliva
- 1 cucharada de vinagre de arroz
- 1 cucharadita de salsa de soja
- Sal y pimienta para probar

INSTRUCCIONES:
a) Batir el maesil jang , aceite de oliva, vinagre de arroz, salsa de soja, sal y pimienta.
b) Rocíe el aderezo sobre su ensalada favorita justo antes de servir.

56.Salmón Glaseado Maesil Jang

INGREDIENTES:
- 4 filetes de salmón
- 1/3 taza de maesil jang
- 2 cucharadas de salsa de soja
- 1 cucharada de aceite de sésamo
- 1 cucharada de ajo picado
- 1 cucharada de semillas de sésamo para decorar

INSTRUCCIONES:
a) En un bol mezclar maesil jang , salsa de soja, aceite de sésamo y ajo picado para crear el glaseado.
b) Unte los filetes de salmón con el glaseado.
c) Asa o hornea el salmón hasta que esté cocido a tu gusto.
d) Adorne con semillas de sésamo antes de servir.

57.Té helado Maesil Jang

INGREDIENTES:
- 2 cucharadas de maesil jang
- 2 tazas de agua
- 1-2 cucharadas de miel (opcional)
- Cubos de hielo
- Rodajas de limón para decorar

INSTRUCCIONES:
a) disolver maesil jang en agua. Agrega miel si prefieres un sabor más dulce.
b) Enfriar la mezcla en el frigorífico.
c) Vierta el maesil Té jang sobre cubitos de hielo.
d) Adorne con rodajas de limón y disfrute de su refrescante té helado.

58.Verduras salteadas Maesil Jang

INGREDIENTES:

- Verduras variadas (brócoli, pimientos morrones, zanahorias, guisantes)
- 1/4 taza de Maesil Jang
- 2 cucharadas de salsa de soja
- 1 cucharada de aceite vegetal
- Semillas de sésamo para decorar

INSTRUCCIONES:

a) Sofríe las verduras en aceite vegetal hasta que estén tiernas y crujientes.

b) En un tazón pequeño, mezcle el Maesil Jang y la salsa de soja.

c) Vierta la mezcla de Maesil Jang sobre las verduras y revuelva para cubrir.

d) Adorne con semillas de sésamo antes de servir.

59.Salteado de cerdo glaseado Maesil Jang

INGREDIENTES:
- 1 libra de lomo de cerdo, en rodajas finas
- 1/4 taza de Maesil Jang
- 2 cucharadas de salsa de soja
- 1 cucharada de maicena
- 1 cucharada de aceite vegetal
- Verduras mixtas (pimientos morrones, brócoli, zanahorias)
- Arroz cocido para servir

INSTRUCCIONES:
a) En un bol, mezcle el Maesil Jang, la salsa de soja y la maicena.
b) Calentar aceite vegetal en una sartén y sofreír la carne de cerdo hasta que se dore.
c) Agregue las verduras mixtas y continúe salteando hasta que estén tiernas.
d) Vierta la mezcla de Maesil Jang sobre la carne de cerdo y las verduras. Revuelva hasta que todo esté cubierto y caliente . Sirva sobre arroz cocido.

60.Costillas BBQ Maesil Jang

INGREDIENTES:
- 2 libras de costillas de cerdo
- 1/2 taza de Maesil Jang
- 2 cucharadas de salsa de soja
- 1 cucharada de jengibre rallado
- 2 dientes de ajo, picados
- 1 cucharada de aceite de sésamo

INSTRUCCIONES:
a) En un bol, mezcle Maesil Jang, salsa de soja, jengibre rallado, ajo y aceite de sésamo.
b) Marina las costillas en la mezcla durante al menos 2 horas.
c) Ase o hornee las costillas hasta que estén completamente cocidas y caramelizadas.
d) Unte con más glaseado Maesil Jang antes de servir.

61.Maesil Jang y jengibre

INGREDIENTES:

- 4 tazas de agua
- 3 rodajas de jengibre fresco
- 2 cucharadas de Maesil Jang
- Miel al gusto

INSTRUCCIONES:

a) En una olla, hierva el agua y las rodajas de jengibre.
b) Reduzca el fuego y cocine a fuego lento durante 5 minutos. Retire las rodajas de jengibre.
c) Agregue Maesil Jang y la miel hasta que se disuelva.
d) Vierta en tazas y disfrútelo como un reconfortante té caliente.

MATGANJANG (SALSA DE SOJA CONDIMENTADA)

62.Arroz frito con gambas y piña/ bokkeumbap hawaiano

INGREDIENTES:

- ½ tallo de cebolla tierna (sin bulbo)
- ¼ de pepino
- 1 cebolla
- 1 zanahoria
- ½ piña
- 3 huevos
- ½ cucharadita de sal
- 1 pizca de pimienta
- 1 cucharadita de ajo en polvo
- 40 g (1½ oz) de mantequilla, más una nuez
- 2 cucharadas de salsa mat ganjang
- 200 g (7 oz) de langostinos pelados
- 350 g (12 oz) de arroz blanco cocido, frío
- Salsa de tomate

INSTRUCCIONES:

a) Picar el tallo de la cebolleta. Corta el pepino, la cebolla y la zanahoria en cubos de 5 mm (¼ de pulgada). Corta la pulpa de la piña en cubos de 1 cm (½ pulgada).

b) Batir los huevos y sazonar con sal, pimienta y ajo en polvo.

c) Calienta la mantequilla a fuego alto en una sartén. Añade la cebolleta y la cebolla y sofríe hasta que la cebolla empiece a ponerse traslúcida. Agrega la zanahoria, el pepino y el mat ganjang ; cocina hasta que la zanahoria esté tierna. Agrega la piña y las gambas peladas y sofríe durante 3 minutos.

d) Agrega el arroz blanco cocido a la sartén. Mezclar uniformemente. Pruebe el condimento y ajuste con sal según sea necesario. Empuja todo el arroz frito a un lado de la sartén. Coloca una nuez de mantequilla en la base vacía del molde. Agrega los huevos batidos y revuelve hasta que estén medio cocidos; deben quedar un poco espumosos. Mezclar con el arroz.

e) Sirva en la mitad de piña ahuecada o en porciones individuales con unas líneas de salsa de tomate rociadas encima. Sirva con pepinillos en salsa de soja, pepinillos encurtidos de rábano blanco o rábano amarillo marinado como acompañamiento, si lo desea.

63.Tartar de ternera coreano/ Yukhoe

INGREDIENTES:

- 2 dientes de ajo
- 1,5 cm (⅝ de pulgada) de puerro (parte blanca)
- ½ pera coreana (o ½ pera verde)
- 300 g (10½ oz) de filete o solomillo de ternera extrafresco
- 2 cucharadas de salsa matganjang
- 1 cucharada de aceite de sésamo
- 1 cucharada de azúcar
- ½ cucharada de semillas de sésamo (o piñones), más un poco más para espolvorear
- 50 g (1¾ oz) de rúcula (rúcula)
- 1 yema de huevo
- Sal y pimienta

INSTRUCCIONES:

a) Triturar el ajo. Picar el puerro. Pele la pera y córtela en palitos de 5 mm (¼ de pulgada) de grosor. Golpee la carne con una toalla de papel para eliminar el exceso de sangre. Cortar la carne en palitos del mismo grosor.

b) Mezclar la carne con el ajo, el puerro, el mat ganjang , el aceite de sésamo, el azúcar, las semillas de sésamo o piñones, la sal y la pimienta con palillos o tenedores. Evite mezclar a mano para no alterar el color de la carne por el calor corporal.

c) Disponer las hojas de rúcula en un plato. Colocar encima las cerillas de pera. Presione la carne en un bol y luego inclínela sobre la pera. Presione ligeramente en el medio de la carne para crear una hendidura y deslice suavemente la yema de huevo. Espolvoree con las semillas de sésamo o piñones adicionales.

d) Cómelo perforando la yema del huevo y usándola como salsa para mojar los trozos de carne .

64.Champiñones salteados/ Beoseot-Bokkeum

INGREDIENTES:

- 5 champiñones saesongyi (champiñones ostra)
- 2 cm (¾ pulgada) de puerro (parte blanca)
- 2 cucharadas de aceite vegetal neutro
- ½ cucharada de azúcar
- 1 cucharada de salsa de soja
- 1 cucharada de salsa de ostras
- 1 cucharada de miel
- 1 buena pizca de pimiento
- ½ cucharada de semillas de sésamo negro

INSTRUCCIONES:

a) Corte los champiñones por la mitad a lo largo y luego en tiras largas de 5 mm (¼ de pulgada) de grosor. Picar el puerro.

b) Unta una sartén con aceite vegetal y sofríe el puerro a fuego alto hasta que esté fragante. Añade los champiñones a la sartén y sofríe.

c) Cuando empiece a salir el jugo de los champiñones, hacer un hueco en el medio de la sartén y verter las salsas de azúcar, soja y ostras. Deje calentar durante 15 segundos y luego mezcle bien con los champiñones. Sofreír durante 2 minutos más.

d) Apagar el fuego pero dejar la sartén sobre la encimera o hornilla. Sazone con miel y pimienta, luego mezcle. Servir espolvoreado con semillas de sésamo. Disfrútalo caliente o frío.

INGREDIENTES:

- 500 ml (2 tazas) de agua
- 1 cuadrado (10 cm/4 pulgadas) de alga dasima (kombu)
- 500 g (1 libra 2 oz) de raíces de loto
- 1 cucharada de vinagre blanco
- 4 cucharadas de azúcar
- 2 cucharadas de aceite vegetal neutro
- 100 ml (escasa ½ taza) de salsa de soja
- 2 cucharadas de vino blanco
- 1 cucharada de miel
- ½ cucharada de semillas de sésamo

INSTRUCCIONES:

a) Vierte los 500 ml (2 tazas) de agua en un cazo y añade el alga dasima . Llevar a ebullición y cocinar durante 20 minutos a fuego medio. Desecha las algas y reserva el caldo.

b) Pele las raíces de loto y córtelas en rodajas de 1 cm (½ pulgada) de grosor. Colócalas en una cacerola y cúbrelas con agua fría. Agrega el vinagre. Llevar a ebullición a fuego alto y cocinar durante 10 minutos. Escurrir y enjuagar las raíces de loto con agua fría. Deseche el agua de cocción.

c) Mezclar las raíces de loto y el azúcar en un bol. Dejar reposar a temperatura ambiente hasta que el azúcar se haya disuelto.

d) Calentar una sartén untada con aceite vegetal. Cuando el aceite esté ligeramente caliente, vierte las raíces de loto con su dulce líquido. Vierte encima la salsa de soja, el vino blanco y el caldo de algas. Cocine a fuego medio hasta que no quede líquido, aproximadamente de 20 a 30 minutos. Apagar el fuego y agregar la miel y las semillas de sésamo.

e) Esta guarnición se puede disfrutar tibia o fría y se puede conservar hasta por 5 días en el refrigerador.

66.picante de carne y verduras/ Yukgaejang

INGREDIENTES:

- 500 g (1 lb 2 oz) de filete para perchas (onglet)
- 1,5 litros (6 tazas) de agua
- 50 ml (escaso ¼ de taza)alcohol blanco (soju o ginebra)
- 3 dientes de ajo
- 2 hojas de puerro verde
- 100 g (3½ oz) de adobo picante
- 3 cucharadas de salsa matganjang
- 200 g (7 oz) de brotes de frijol
- 5 hongos pyogo (shiitake) u hongos ostra
- 25 cm (10 pulgadas) de puerro (parte blanca)
- 1 cucharada de aceite de sésamo
- 1 cucharada de aceite vegetal neutro
- 3 cucharadas de salsa de soja
- ½ cucharadita de pimienta Sal

INSTRUCCIONES:

a) Corta la carne en trozos de aproximadamente 15 cm (6 pulgadas) de ancho. Remojar la carne en agua fría durante 1½ horas para extraer la sangre, cambiar el agua cada 30 minutos y luego escurrir. Ponga a hervir 1,5 litros (6 tazas) de agua. Agrega la carne, el alcohol, los dientes de ajo pelados y las hojas verdes de puerro. Cocine a fuego medio durante 40 minutos sin tapar una vez que se reanude la ebullición.

b) Con una cuchara retiramos la espuma de la superficie del caldo. Separar el caldo de la carne, desechando los ajos y las hojas verdes de puerro pero reservando el caldo. Cuando la carne esté lo suficientemente fría, desmenúzala con las manos.

c) Mézclalo con la marinada picante y mat ganjang . Dejar reposar.

d) Mientras tanto, lava los brotes de soja. Corta los champiñones en rodajas de 1,5 cm (⅝ de pulgada). Corta la clara de puerro en cinco secciones de 5 cm (2 pulgadas) cada una, luego cada sección por la mitad a lo largo y cada mitad de sección en cuatro a lo largo (un ancho de 1 cm/½ pulgada es lo ideal).

e) Calentar el aceite de sésamo y el aceite vegetal en una cacerola. Cuando se caliente añade la carne y sofríe durante 3 minutos. Agrega la clara de puerro y la salsa de soja y mezcla bien, luego agrega aproximadamente 1 litro (4 tazas) del caldo reservado.

f) Cocine a fuego alto durante 10 minutos después de que se reanude la ebullición.

g) Añade los champiñones y los brotes de soja y deja hervir durante 10 minutos más. Sazone con sal y pimienta.

67.Rábano blanco salteado/Mu- Namul

INGREDIENTES:
- 450 g (1 libra) de rábano blanco (daikon)
- 2 cm (¾ pulgada) de puerro (parte blanca)
- 2 dientes de ajo
- 3 cucharadas de aceite de sésamo
- 1 cucharada de salsa matganjang
- 1 cucharadita de sal
- 1 cucharadita de azúcar
- 1 cucharada de semillas de sésamo

INSTRUCCIONES:
a) Pele el rábano blanco y córtelo en palitos de 5 mm (¼ de pulgada) de grosor.
b) Picar la clara de puerro y triturar los ajos.
c) Cubrir una sartén con aceite de sésamo y sofreír el puerro y el ajo a fuego alto hasta que estén fragantes. Agrega el rábano a la sartén. Haga un hueco en el medio de los palitos de rábano y vierta el mat ganjang . Deje calentar durante 15 segundos y luego mezcle bien con el rábano. Después de 4 minutos, agrega la sal y el azúcar y reduce el fuego a medio. Sofreír durante unos 15 minutos. Si el rábano empieza a arder, añade un poco de agua.
d) La cocción estará lista cuando el rábano esté traslúcido y suave. Sazonar con sal al gusto. Servir espolvoreado con semillas de sésamo. Disfrútalo caliente o frío.

68.Judías verdes salteadas/ Bokkeum de judías verdes

INGREDIENTES:
- 500 g (1 lb 2 oz) de judías verdes finas
- 10 dientes de ajo
- 100 g (3½ oz) de tocino ahumado
- 2 cucharadas de semillas de sésamo
- 3 cucharadas de aceite de oliva
- 2 cucharadas de salsa matganjang
- 1 cucharadita de sal

INSTRUCCIONES:

a) Tapar y rabo y lavar las judías verdes. Ponga a hervir un poco de agua con sal en una cacerola y vierta los frijoles. Cocine durante 2 minutos después de que hierva. Escurrir los frijoles inmediatamente y refrescarlos con agua fría. Pelar los dientes de ajo, cortarlos por la mitad y quitarles el germen, si se desea. Corta el tocino en trozos de 1 cm (½ pulgada) de ancho. Triturar bien las semillas de sésamo.

b) Untar la base de una sartén con aceite de oliva y sofreír los ajos a fuego fuerte hasta que estén dorados. Agrega el tocino a la sartén y sofríe. Cuando el tocino esté cocido, agregue los frijoles y el mat ganjang . Sofría durante 5 minutos. Agrega las semillas de sésamo trituradas y sazona con sal. Sofreír durante 2 minutos más. Disfrútalo caliente o frío.

69.Ensalada De Tofu/ Ensalada Dubu

INGREDIENTES:

- 300 g (10½ oz) de tofu firme
- 3 cucharadas de aceite vegetal neutro
- ½ pimiento amarillo (pimiento)
- 20 tomates cherry
- ¼ de lechuga de hoja de roble roja
- 300 g (10½ oz) de canónigos
- Semillas de sésamo negro
- Sal

SALSA

- ½ limón
- 4 cucharadas de salsa matganjang
- 2 cucharadas de aceite de oliva
- ½ cucharadita de pimienta
- ½ chalote

INSTRUCCIONES:

a) Corta el bloque de tofu en cubos de 1,5 cm (⅝ de pulgada). Calienta una sartén untada con aceite vegetal y coloca los cubitos de tofu en la sartén. Freír a fuego medio hasta que estén dorados por todos los lados, usando una espátula y una cuchara para darle la vuelta a los cubitos para no romperlos. Sazone cada lado con sal mientras cocina. Después de cocinar, deja que el tofu se enfríe sobre una toalla de papel.

b) Corta el pimiento en tiras finas. Corta los tomates cherry por la mitad.

c) Para la salsa, exprime el limón y mezcla el jugo con el mat ganjang , el aceite de oliva y la pimienta. Picar la chalota y añadirla a la salsa.

d) Disponer la hoja de roble y los canónigos en una fuente para servir. Esparza encima el tofu, el pimiento y los tomates cherry. Espolvorea con semillas de sésamo y rocía con la salsa.

70.Buñuelos de pescado/ ensalada Seangseon-Tuigim

INGREDIENTES:

- ¼ de lechuga iceberg
- ¼ lechuga tierna
- ½ cebolla
- 700 g (1 libra 9 oz) de pescado blanco
- 2 huevos medianos
- 80 g (2¾ oz) de harina común (para todo uso)
- 120 g (4¼ oz) de pan rallado panko
- 1 litro (4 tazas) de aceite vegetal neutro
- Polvo de ajo
- Sal y pimienta

SALSA

- 4 cucharadas de salsa matganjang
- 2 cucharadas de azúcar
- 4 cucharadas de vinagre de manzana o de manzana
- 3 cucharadas de agua mineral
- 1 pizca de pimienta

INSTRUCCIONES:

a) Lavar y picar las lechugas en trozos grandes. Cortar la cebolla en rodajas finas. Sumergir la cebolla cortada en agua fría con unas gotas de vinagre durante 5 minutos y luego escurrir. Mezcle todos los ingredientes de la salsa para hacer la salsa.

b) Corta el pescado en trozos rectangulares de 3 cm (1¼ pulgadas) de grosor, 5 cm (2 pulgadas) de ancho y unos 7 cm (2¾ pulgadas) de largo. Espolvoree generosamente cada pieza con sal, pimienta y ajo en polvo y déjela marinar durante 5 minutos. Batir los huevos. Cubra cada trozo de pescado con harina, luego con huevos batidos y luego con pan rallado.

c) Calienta el aceite vegetal a 170°C (340°F). Echar los trozos de pescado en el aceite y cocinar durante 7 minutos. Retírelos con cuidado. Colóquelos en un colador y déjelos escurrir durante 5 minutos. Freír nuevamente por 3 minutos y escurrir nuevamente por 5 minutos.

d) Extienda la ensalada y los trozos de cebolla en una fuente para servir. Rocíe con salsa.

e) Colocar encima los buñuelos de pescado.

71. Tteokbokki Con Salsa De Soja/ Ganjang-Tteokbokki

INGREDIENTES:

- zanahoria
- 10 cm (4 pulgadas) de puerro (parte blanca)
- 200 g (7 oz) de pasta de pescado
- 250 ml (1 taza) de agua
- 3 cucharadas de azúcar
- 300 g (10½ oz) de tteokbokki tteok
- 100 ml (½ taza escasa) de salsa mat ganjang
- ½ cucharadita de pimienta Semillas de sésamo

INSTRUCCIONES:

a) Corta la zanahoria por la mitad en dos troncos, luego cada sección por la mitad a lo largo y por último en tiras finas a lo largo. Corta el puerro en diagonal en secciones de 2 cm (¾ de pulgada) de grosor. Cortar la pasta de pescado en diagonal.

b) Vierte el agua en una sartén. Agrega el azúcar y lleva a ebullición. Reduzca inmediatamente el fuego a medio y vierta el tteokbokki. ok . Cocine a fuego lento durante 5 minutos, revolviendo para evitar que se peguen al fondo de la sartén o entre sí, separándolos si es necesario.

c) Añade el mat ganjang , el puerro, la zanahoria y la pasta de pescado. Cocine a fuego lento durante 10 minutos, revolviendo constantemente.

d) Cuando la salsa se haya reducido a la mitad, añadimos el pimiento y una pizca generosa de semillas de sésamo. Si es necesario, agregue un poco más de mat ganjang .

72.Sopa helada de algas/ Miyeok-Naengguk

INGREDIENTES:
- 10 g (¼ oz) de alga miyeok (wakame)
- 100 g (3½ oz) de rábano blanco (daikon)
- ½ cucharada de sal 5 cucharadas de azúcar
- ½ zanahoria
- ¼ de cebolla
- 100 ml (escasa ½ taza) de vinagre de manzana o blanco
- 1 cucharadita de salsa de anchoas fermentada
- 2 cucharadas de salsa mat ganjang
- 600 ml (2 tazas) de agua mineral
- 1 pizca de semilla de sésamo
- Cubitos de hielo, para servir

INSTRUCCIONES:
a) Deja que las algas se rehidraten durante 20 minutos en un recipiente grande lleno de agua. Escurrir y verter 1 litro (4 tazas) de agua hirviendo sobre las algas antes de enfriarlas con agua corriente y luego escurrirlas nuevamente. Exprime las algas con las manos para eliminar el exceso de agua y córtalas en trozos grandes con unas tijeras.

b) Corta el rábano en palitos. Marinar con la sal y 1 cucharada de azúcar durante 15 minutos. Escurrir y presionar ligeramente con las manos para extraer un poco del líquido. Corta la zanahoria en palitos. Cortar la cebolla en palitos y dejar reposar 10 minutos en agua fría con unas gotas de vinagre, luego escurrir.

c) Mezclar en un bol las algas, el vinagre y 4 cucharadas de azúcar. Agrega la cebolla, la zanahoria, el rábano, la salsa de anchoa fermentada, el mat ganjang y el agua mineral. Mezclar nuevamente y sazonar con sal.

d) Antes de servir, espolvorea con las semillas de sésamo y añade unos cubitos de hielo al recipiente para servir.

73.Dorada al vapor/ Domi-Jjim

INGREDIENTES:
- 1 dorada entera, destripada
- 3 cucharadas de alcohol blanco (soju o ginebra)
- 2 cucharaditas de sal marina
- 2 cucharaditas de jengibre molido
- ½ cucharadita de pimienta 6 hojas de puerro verde
- 5 g (⅛ oz) de jengibre fresco
- ½limón

ADICIÓN
- 1 huevo mediano
- 2 hongos pyogo (shiitake)
- ½ cucharada de jarabe de jengibre
- 1 cucharada de salsa mat ganjang
- zanahoria
- calabacín (calabacín)
- ½puerro (parte blanca)
- Aceite vegetal neutro
- Sal

SALSA
- 1 cucharada de salsa de soja
- 2 cucharadas de vinagre de manzana o de manzana
- ½ cucharada de azúcar
- ½ cucharadita de mostaza

INSTRUCCIONES:
a) Con un cuchillo, raspa suavemente el exterior de la dorada en dirección opuesta a las escamas para eliminarlas. Limpiar el pescado, limpiando con cuidado la cola y las aletas frotando bien entre dos dedos. Limpia a fondo el interior y las branquias con agua corriente. Mezcle el soju, la sal marina, el jengibre molido y la pimienta. Masajear las doradas con este adobo, por dentro y por fuera. Reservar durante 15 minutos.

b) Prepara la cobertura. Separar la clara de la yema. Sazona ambos con un poco de sal y bate por separado. Hacer una tortilla fina en una sartén aceitada caliente con la clara y luego con la yema; cortarlos en tiras. Cortar los champiñones en palitos y mezclarlos con almíbar de jengibre y salsa mat ganjang . Sofreír durante 3 minutos en un poco de aceite neutro. Cortar la zanahoria en palitos y sofreír durante 3 minutos en un poco de aceite neutro, espolvoreando con una pizca de sal. Repita con el calabacín. Terminar desmenuzando la parte blanca del puerro.

c) Haz tres cortes grandes a cada lado de la dorada en un ángulo de 30 grados. Coloque una canasta vaporera en una olla y vierta agua hasta 2 cm (¾ de pulgada) por debajo de la canasta. Coloque las hojas de puerro verde, el jengibre fresco en rodajas y el limón en rodajas finas en la cesta. Colocar encima la dorada y verter por encima el resto de la marinada. Tapar y llevar a ebullición. Cocine a fuego lento durante 15 minutos a fuego medio, manteniendo tapado. Apagar el fuego y dejar reposar 5 minutos sin quitar la tapa. Abrir y dejar enfriar unos minutos.

d) Mezcle los ingredientes de la salsa. Colocar la dorada sobre el lecho de puerro blanco desmenuzado. Coloque cada uno de los ingredientes de la cobertura encima. Cómelo tomando un poco de carne de pescado y cubriendo y sumergiendo en la salsa.

74.Espinacas con sésamo/ Sigeumchi-Namul

INGREDIENTES:

- 2 dientes de ajo
- 1 cm (½ pulgada) de puerro (parte blanca)
- 600 g (1 libra 5 oz) de espinacas frescas
- ½ cucharada de salsa mat ganjang
- 3 cucharadas de aceite de sésamo
- ½ cucharada de semillas de sésamo Sal

INSTRUCCIONES:

a) Machacar los dientes de ajo y picar finamente el puerro. Limpiar las hojas de espinaca, cortando los tallos si están demasiado gruesos. Si las hojas son muy anchas, córtalas por la mitad en forma transversal.

b) Ponga a hervir agua con sal en una cacerola y agregue las espinacas. Tan pronto como las hojas comiencen a marchitarse, escúrrelas en un colador y pásalas por agua fría para detener la cocción. Tome puñados grandes de hojas enfriadas y exprímalas con las manos para eliminar el exceso de agua, luego colóquelas en un recipiente.

c) Agrega el ajo, el puerro, el mat. ganjang y aceite de sésamo a las espinacas. Frota vigorosamente las semillas de sésamo entre tus manos para triturarlas y luego agrégalas a la mezcla de espinacas. Mézclalo todo con cuidado, despegando las hojas de espinacas. Comprobar la sazón y ajustar la sal al gusto.

75.Rollitos de bacalao/ Seangseon-Marigui

INGREDIENTES:

- zanahoria
- 2 hongos pyogo (shiitake)
- 4 cebolletas al ajillo
- 80 g (2¾ oz) de brotes de soja
- 400 g (14 oz) de filete de bacalao
- 2 cucharadas de vino blanco
- 1 cucharada de jarabe de jengibre
- 4 cucharadas de salsa matganjang
- 1 cucharadita de aceite de sésamo
- 1 pizca de pimienta
- 3 cucharadas neutras
- aceite vegetal

INSTRUCCIONES:

a) Ralla la zanahoria. Cortar los champiñones en rodajas finas. Corta las cebolletas en trozos de 5 cm (2 pulgadas). Lavar y escurrir los brotes de soja. Corta el pescado en rodajas de unos 12 cm (4½ pulgadas) de largo y 1 cm (½ pulgada) de ancho.

b) Sobre cada trozo de pescado colocamos un poco de zanahoria, unas cuantas cebolletas, 1 rodaja de champiñones y unos brotes de soja. Enrolle el pescado para encerrar los ingredientes y asegúrelo con un palillo de madera pequeño.

c) Para la marinada, mezcle el vino, el almíbar de jengibre, el mat ganjang , el aceite de sésamo y la pimienta. Calienta una sartén untada con aceite vegetal a fuego medio. Cuando el aceite comience a calentarse, coloca los rollitos de pescado en la sartén. Freír durante 3 minutos, volteando para cocinar toda la superficie de los panecillos. Agrega la marinada. Cocine a fuego lento durante 5 minutos, volteando los panecillos con cuidado para que no se deshagan.

d) Retire los palillos antes de servir.

GANJANG (SALSA DE SOJA)

76.Arroz frito con kimchi/Kimchi bokkeumbap

INGREDIENTES:
- 400 g (14 oz) de kimchi de col china
- 1 cucharada de azúcar
- 1 cucharadita de ajo en polvo
- 1 tallo de cebolla tierna (sin bulbo)
- 320 g (11¼ oz) de atún en trozos en aceite de girasol
- 2 cucharadas de aceite vegetal neutro
- 1 cucharada de gochugaru Chile en polvo
- 2 cucharadas de salsa de soja
- 1 cucharada de salsa de anchoas fermentada
- 400 g (14 oz) de arroz blanco cocido, frío
- 4 huevos fritos

INSTRUCCIONES:
a) Coloca el kimchi en un bol y utiliza unas tijeras para cortarlo en trozos pequeños.
b) Agrega el azúcar y el ajo en polvo y mezcla bien. Dejar reposar durante 5 minutos.
c) Picar el tallo de la cebolleta. Escurrir el atún. Untar una sartén con el aceite vegetal. Agregue la cebolleta picada y suba el fuego a alto. Sofreír hasta que la cebolleta empiece a ablandarse. Agrega el kimchi y el gochugaru . Sofría durante 5 minutos hasta que el kimchi esté un poco traslúcido. Agrega el atún, la salsa de soja y la salsa de anchoas fermentadas. Sofría durante 5 minutos.
d) Añade el arroz blanco cocido a la sartén cuando todos los ingredientes estén bien combinados . Mezcle bien el arroz para obtener un color uniforme . Cuando el arroz haya adquirido uniformemente el color del kimchi, la cocción estará completa.
e) Sirva en porciones individuales colocando un huevo frito encima del kimchi bokkeumbap . Sirva con pepinillos en salsa de soja o pepinillos encurtidos de rábano blanco a un lado, si lo desea.

INGREDIENTES:
- ¼lechuga verde
- ¼ de cebolla
- pepino
- 1 cucharada de semillas de sésamo
- 12 palitos de surimi (cangrejo)

SALSA
- 2 cucharaditas de vinagre de manzana o de manzana
- 2 cucharadas de azúcar
- 1 cucharada de salsa de soja
- 1 cucharadita de mostaza
- ½ cucharadita de pimienta

INSTRUCCIONES:
a) Lavar la lechuga, luego escurrir y arrancar las hojas. Cortar la cebolla en rodajas finas y remojar en un recipiente con agua con unas gotas de vinagre. Dejar reposar en el agua durante 10 minutos y luego escurrir.
b) Corta el pepino en palitos. Triturar bien las semillas de sésamo. Triture los palitos de surimi en tiras con las manos.
c) Mezcle todos los ingredientes de la salsa para hacer la salsa.
d) Justo antes de servir, disponer la lechuga en un bol. Mezcle todo junto, incluida la salsa y las semillas de sésamo.

78.Empanadas De Carne Coreana/ Tteokgalbi

INGREDIENTES:
- 1 cebolla
- ½ zanahoria
- 600 g (1 libra 5 oz) de carne picada
- 6 cucharadas de salsa de soja
- 4 cucharadas de azúcar
- 2 cucharadas de jarabe de jengibre
- 1 cucharada de aceite de sésamo
- 1 cucharadita de sal
- 1 pizca de pimienta
- 1 yema de huevo
- 1 cucharada de agua cebollino
- piñones

INSTRUCCIONES:

a) Picar finamente la cebolla y la zanahoria. Golpee la carne con una toalla de papel para eliminar el exceso de sangre. Mezclar la carne con la cebolla, la zanahoria, la salsa de soja, el azúcar, el almíbar de jengibre, el aceite de sésamo, la sal, la pimienta y la yema de huevo hasta que estén bien combinados. La textura debe ser como una pasta.

b) Dividir en seis porciones. Aplana cada porción en tus manos para obtener hamburguesas de forma uniforme y de aproximadamente 1 cm (½ pulgada) de grosor. Presione en el medio de cada hamburguesa con el pulgar para crear una sangría.

c) Calienta una sartén. Cuando esté caliente, coloca las hamburguesas en la sartén con la sangría hacia arriba. Cocine por un total de 5 minutos, volteando periódicamente para evitar que la carne se queme. Agrega el agua. Tape y cocine por 10 minutos, dándoles la vuelta a la mitad.

d) Servir sobre una cama de cebollino y espolvorear con unos piñones triturados.

79.Costillas A La Parrilla En Rodajas Finas/La Galbi

INGREDIENTES:
- 1 kg (2 lb 4 oz) de costillas de res con hueso, cortadas en rodajas finas
- 20 cm (8 pulgadas) de puerro (parte blanca)
- 1kiwi
- Adobo para barbacoa
- 3 cucharadas de salsa de soja
- 1cucharada de aceite de sésamo

INSTRUCCIONES:
a) Sumergir la carne en un recipiente con agua fría y dejar reposar 2 horas, cambiando el agua cada 30 minutos antes de escurrirla.
b) Corta el puerro en cuatro trozos y luego corta cada trozo por la mitad a lo largo. Pela y haz puré el kiwi en un procesador de alimentos pequeño. Vierta la marinada para barbacoa, la salsa de soja, el kiwi y el aceite de sésamo sobre la carne y mezcle para cubrir bien. Mezclar con el puerro. Dejar reposar en el frigorífico al menos 12 horas.
c) Calienta una sartén o sartén de hierro fundido a fuego alto. Coloca las rodajas de carne y los trozos de puerro en la sartén. Cocine durante 7 minutos por cada lado a fuego medio.
d) Corta la carne entre los trozos de hueso con unas tijeras antes de servir. Puedes comerlo como ssambap , si lo deseas, o simplemente con arroz y kimchi de col china.

80.Ensalada De Lechuga Con Salsa Kimchi/ Sangchu-Geotjeori

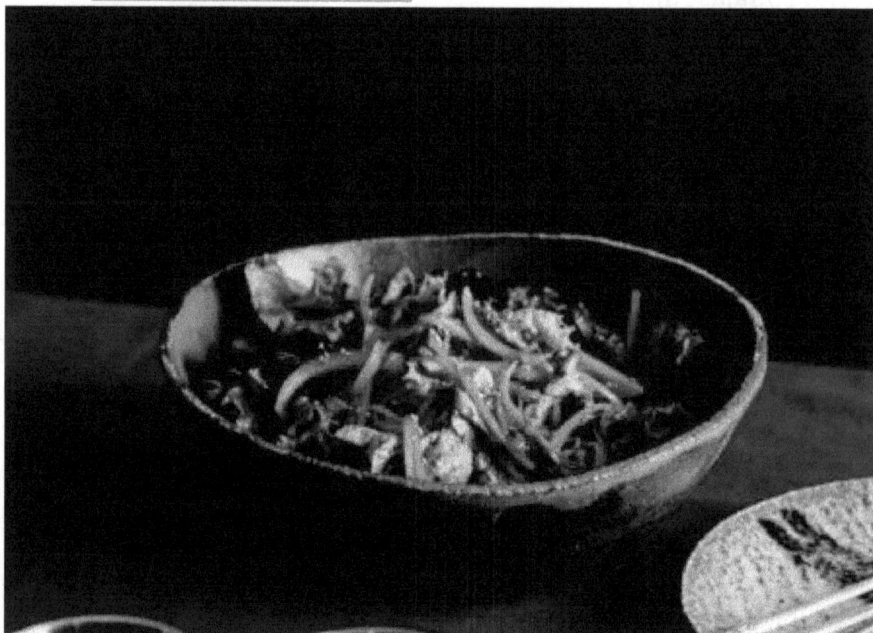

INGREDIENTES:

- ½ lechuga
- ½ cebolla
- ½ zanahoria
- 1 cucharada de gochugaru Chile en polvo
- 2 cucharadas de salsa de soja
- 1 cucharada de salsa de anchoas fermentada
- 3 cucharadas de vinagre de manzana o de manzana
- 2 cucharadas de azúcar
- 1 cucharadita de ajo en polvo
- 1 cucharada de aceite de sésamo
- ½ cucharada de semillas de sésamo

INSTRUCCIONES:

a) Lavar la lechuga, escurrirla y arrancar las hojas en trozos grandes. Cortar la cebolla en rodajas finas y sumergir en un recipiente con agua con unas gotas de vinagre. Deje en remojo durante 5 minutos antes de escurrir. Corta la zanahoria en palitos.

b) Mezclar la lechuga con la cebolla, la zanahoria, el gochugaru , la salsa de soja, la salsa de anchoas fermentadas, el vinagre de manzana, el azúcar, el ajo en polvo, el aceite de sésamo y las semillas de sésamo. Atender.

81.Ensalada de puerros/Pa- Muchim

INGREDIENTES:

- 4 puerros (parte blanca)
- 1 cucharada de gochugaru Chile en polvo
- 2 cucharadas de salsa de soja
- 1 cucharada de salsa de anchoas fermentada
- 4 cucharadas de vinagre de manzana o de manzana
- 2 cucharadas de azúcar
- ½ cucharadita de ajo en polvo
- 1 cucharada de aceite de sésamo
- ½ cucharada de semillas de sésamo

INSTRUCCIONES:

a) Lavar las claras de los puerros. Cortarlos por la mitad a lo largo.

b) Divida las hojas interiores y exteriores en dos montones. Doble cada montón por la mitad y luego córtelo finamente a lo largo. Sumerge las finas tiras de puerro en un recipiente con agua con unas gotas de vinagre. Deje en remojo durante 10 minutos antes de escurrir.

c) Combine el puerro, el gochugaru , la salsa de soja, la salsa de anchoas fermentada, el vinagre de manzana, el azúcar, el ajo en polvo, el aceite de sésamo y las semillas de sésamo en un bol. Atender.

82.Tortilla Y Tazón De Atún / Chamchi -Mayo-Deobpab

INGREDIENTES:

- 2 huevos
- 2 hojas de lechuga
- ¼hoja de alga gim (nori)
- 80 g (2¾ oz) de trozos de atún en aceite de girasol
- ½ cucharadita de azúcar
- 1½ cucharadas de salsa de soja
- ½ cucharadita de gochugaru Chile en polvo
- ½ cucharadita de ajo en polvo
- 180 g (6½ oz) de arroz blanco cocido, caliente
- 2 cucharadas de mayonesa Aceite vegetal neutro Sal y pimienta

INSTRUCCIONES:

a) Batir bien los huevos y sazonar con sal y pimienta. Calentar una sartén untada con aceite vegetal. Vierta los huevos y revuelva para hacer huevos revueltos. Dejar de lado.

b) Cortar las hojas de lechuga y la hoja de algas en tiras finas. Escurrir el atún reservando un poco de aceite. Mezclar en un bol el atún y el aceite reservado con el azúcar, ½ cucharada de salsa de soja, el gochugaru y el ajo en polvo.

c) Coloque el arroz y luego la lechuga en el tazón para servir y rocíe con 1 cucharada de salsa de soja. Añade la tortilla de huevos revueltos y luego el atún. Rociar generosamente con mayonesa y terminar espolvoreando con las algas .

d) Come sin mezclar intentando coger un poco de todos los ingredientes de un solo bocado.

83.Japchae de carne / Japchae

INGREDIENTES:

- 200 g (7 oz) de fideos de camote
- 300 g (10½ oz) de filete de res grueso
- 6 cucharadas de salsa de soja
- 4 cucharadas de azúcar
- 1½ cucharaditas de ajo en polvo
- 1 cucharadita de pimienta
- 1 pimiento rojo (pimiento)
- 1 zanahoria
- ½ calabacín (calabacín)
- 4 champiñones pyogo (shiitake) u champiñones ostra
- ½ cebolla
- 3 cm (1¼ pulgadas) de puerro (parte blanca)
- 1 huevo
- 100 ml (½ taza escasa) de agua
- 4 cucharadas de aceite de sésamo
- ½ cucharada de semillas de sésamo
- 5 cebolletas al ajillo
- Aceite vegetal neutro
- Sal

INSTRUCCIONES:

a) Sumergir los fideos de boniato en agua fría y dejarlos en remojo durante 2 horas, luego escurrirlos.

b) Cortar la carne en tiras finas. Marina con 2 cucharadas de salsa de soja, 1 cucharada de azúcar, ½ cucharadita de ajo en polvo y ½ cucharadita de pimienta mientras preparas el resto del plato.

c) Cortar el pimiento, la zanahoria y el calabacín en palitos. Cortar en rodajas finas los champiñones y la cebolla. Picar el puerro. Batir el huevo con una buena pizca de sal. Cocine una tortilla fina en una sartén engrasada con aceite caliente. Dejar enfriar, enrollar suavemente y cortar en tiras finas.

d) Calienta más aceite vegetal en la sartén a fuego alto. Sofreír la zanahoria y el calabacín, condimentándolos con una pizca de sal. Cuando las verduras se hayan ablandado un poco, resérvalas en un bol. Haz lo mismo con el pimiento, luego los champiñones y luego la cebolla. Sofreír la carne marinada durante 5 minutos. Reserva todo en el mismo bol.

e) Prepara la salsa. Combine el agua, 4 cucharadas de salsa de soja, 3 cucharadas de azúcar, 1 cucharadita de ajo en polvo y

f) ½ cucharadita de pimienta. Calienta 2 cucharadas de aceite de sésamo y el puerro picado en una sartén grande a fuego medio. Cuando el puerro se vuelva aromático, añade los fideos y la salsa. Cocine, revolviendo, durante 5 minutos.

g) Vierta los fideos calientes en el bol de verduras. Cortar los fideos con unas tijeras, en un sentido y luego en el otro. Añade las semillas de sésamo y 2 cucharadas de aceite de sésamo y mezcla suavemente con las manos cuando los fideos se hayan enfriado un poco.

h) Coloca los japchae en platos. Cubra el japchae con las tiras de tortilla y decore con cebollino picado.

84.Buñuelos de fideos con algas/ Gimmari

INGREDIENTES:

- 100 g (3½ oz) de fideos de boniato
- zanahoria
- 1 tallo de cebolla tierna (sin bulbo)
- 1 litro (4 tazas) de aceite vegetal neutro, más extra para las verduras
- 2 cucharadas de salsa de soja
- ½ cucharada de azúcar
- ½ cucharada de aceite de sésamo
- ½ cucharadita de pimienta
- 1½ cucharaditas de sal
- 4 láminas de alga gim (nori)
- 50 g (1¾ oz) de harina común (para todo uso)
- 300 g (10½ oz) de masa para buñuelos coreanos

INSTRUCCIONES:

a) Remojar los fideos en agua fría durante 2 horas para separarlos.

b) Picar la zanahoria y la cebolleta. Saltearlos durante 3 minutos en un poco

c) vegetal . Cuece los fideos en agua hirviendo durante 3 minutos. Usando

d) un colador, refrescarlas con agua fría y luego escurrirlas bien. colocarlos

e) en un bol y cortar con tijeras dos veces, formando una cruz. Mezclar con el

f) verduras salteadas, salsa de soja, azúcar, aceite de sésamo, pimienta y 1 cucharadita

g) de sal.

h) Corta cada hoja de alga en cuatro rectángulos, cortándola a lo largo y luego a lo ancho. Coloque un rectángulo de algas en la encimera, con el lado rugoso hacia arriba. Coloque un poco de mezcla de fideos a lo ancho,

i) un poco por debajo del medio. Con agua fría, humedezca una tira de 1,5 cm (⅝ de pulgada) en la parte superior de la hoja. Enrollar bien. La parte humedecida se pegará y cerrará el rollo. Haz lo mismo con todas las láminas de algas.

j) Mezclar la harina con ½ cucharadita de sal. Calienta el aceite a 170°C (340°F). Para comprobar la temperatura, dejar caer una gota de masa en el aceite: si sube inmediatamente a la superficie, la temperatura es la correcta. Espolvoree ligeramente los rollos de algas con harina, asegurándose de que queden cubiertos uniformemente, luego sumérjalos en la masa de buñuelos. Con unas pinzas, sumerja cada rollo en el aceite, moviéndolo hacia adelante y hacia atrás dos o tres veces antes de soltarlo en el aceite.

k) Freír durante unos 4 minutos. La cocción estará lista cuando los buñuelos estén dorados. Retire los buñuelos del aceite y colóquelos en un colador para que escurran durante al menos 5 minutos. Freír en aceite nuevamente durante 2 minutos y dejar escurrir .

l) Sirva caliente, bañado en salsa tuigim o acompañado de tteokbokki salteado con pasta de chile .

85.Mat Ganjang /Mat Ganjang

INGREDIENTES:
- ¼ de cebolla
- ¼ de nabo
- 2 hojas de puerro verde
- 1 limon
- 1 manzana
- 4 dientes de ajo
- 170 ml de salsa de soja
- 130 ml (½ taza) de agua
- 65 ml (¼ de taza) de alcohol blanco (soju o ginebra)
- 1 cucharada de salsa de anchoas fermentada
- 10 granos de pimienta negra grandes

INSTRUCCIONES:
a) Pelar la cebolla y el nabo. Pica las hojas de puerro en trozos grandes . Cortar rodajas finas de limón y rodajas finas de manzana. Pelar los dientes de ajo.
b) Llevar a ebullición en una cacerola tapada la salsa de soja, el agua, el alcohol, la salsa de anchoa fermentada, el nabo, el puerro, la cebolla, el ajo y la pimienta en grano. Cocine a fuego lento durante 10 minutos a fuego medio. Agrega el limón y la manzana y cocina a fuego lento durante 10 minutos, tapado.
c) Apagar el fuego y quitar la tapa. Dejar enfriar durante 15 minutos. Cuela la salsa con un colador de malla fina. Triture los ingredientes para sacar la mayor cantidad de jugo posible y luego deséchelos. Vierta la salsa en un frasco o botella preesterilizado .
d) Deje enfriar a temperatura ambiente antes de cerrar el frasco o la botella.
e) Se conserva unas 3 semanas en el frigorífico.

86.Pollo coreano estofado/ Dakbokkeumtang

INGREDIENTES:
- 1,2 kg (2 lb 10 oz) de pollo entero
- 2 cucharadas de azúcar
- 2 cucharadas de jarabe de jengibre
- 4 patatas medianas
- 2 zanahorias
- 1 cebolla
- 10 cm (4 pulgadas) de puerro (parte blanca)
- 100 g (3½ oz) de adobo picante
- 100 ml (escasa ½ taza) de salsa de soja
- 400 ml (1½ tazas) de agua
- 100 ml (escasa ½ taza) de alcohol blanco (soju o ginebra)

INSTRUCCIONES:
a) Limpia bien el pollo para quitarle los restos de plumas o plumón. Retire el exceso de grasa y piel con unas tijeras y deseche la nariz del párroco. Corta el cuello para cortar el pollo por la mitad a lo largo. Cortar las alas, los muslos y las baquetas. Corta cada mitad de pollo en dos o tres a lo ancho , dejando la pechuga de pollo adherida a los trozos de la carcasa.

b) Combina el pollo cortado con el azúcar y el almíbar de jengibre. Dejar reposar durante 20 minutos. Mientras tanto, pela y corta las patatas por la mitad, las zanahorias en trozos de 2 cm y la cebolla en cuartos. Corta el puerro en trozos de 2 cm (¾ de pulgada).

c) Después de 20 minutos de reposo, agrega la marinada picante y la salsa de soja al pollo. Mezclar para cubrir el pollo con la salsa. Coloca el pollo en una cacerola, agrega la papa, la zanahoria, la cebolla, el agua y el alcohol. Llevar a ebullición y cocinar tapado durante 10 minutos a fuego alto, luego revolver. Cambia a fuego medio y abre un poco la tapa. Dejar cocer a fuego lento durante 30 minutos, revolviendo periódicamente. Agrega el puerro y cocina a fuego lento durante otros 10 minutos.

INGREDIENTES:

- 1 kg (2 lb 4 oz) de filete para perchas (onglet)
- 2 litros (8 tazas) de agua
- 100 ml (escasa ½ taza) de alcohol blanco (soju o ginebra)
- 3 hojas de puerro verde
- 1 cebolla
- 20 granos de pimienta negra grandes
- 50 g (1¾ oz) de dientes de ajo
- 10 g (¼ oz) de jengibre fresco
- 200 ml (generoso ¾ taza) de salsa de soja
- 50 g (1¾ onzas) de azúcar

INSTRUCCIONES:

a) Corta la carne en secciones de aproximadamente 15 cm (6 pulgadas) de ancho. Remojar en agua fría durante 1½ horas para extraer la sangre, cambiando el agua cada 30 minutos. Pon a hervir agua en una olla. Sumergir los trozos de carne en el agua y hervir durante 5 minutos, luego escurrir y lavar con agua corriente, teniendo cuidado de quitar la sangre coagulada.

b) Vierte los 2 litros (8 tazas) de agua y el alcohol en una olla. Coloque las hojas de puerro, la cebolla entera, los granos de pimienta, el ajo y el jengibre pelado en una bolsa de muselina de algodón. Coloca la bolsa en la olla y deja que hierva. Agrega la carne. Cocine a fuego lento durante 50 minutos a fuego medio, parcialmente tapado.

c) Retire la bolsa de muselina y deseche su contenido. Reserva la carne y el caldo por separado. Deja que el caldo se enfríe hasta que la grasa se solidifique en la superficie, luego pasa por un colador de malla fina para quitar la grasa. Triture la carne con las manos en dirección a las fibras musculares para obtener tiras de unos 5 mm (¼ de pulgada) de espesor.

d) Poner a hervir en una olla 800 ml (3¼ tazas) del caldo, la salsa de soja, el azúcar y la carne. Cocine durante 25 minutos a fuego medio. Vierta la carne y el jugo en un recipiente preesterilizado . frasco . Dejar enfriar a temperatura ambiente. Esta carne se conserva durante 2 semanas en el frigorífico. Sirva como guarnición o como relleno, frío o ligeramente calentado.

88.Pepino Salsa De Soja Encurtidos/Oi Jangajji

INGREDIENTES:
- 5 o 6 pepinos tiernos
- 1 puñado de sal marina gruesa
- 150 ml (½ taza generosa) de salsa de soja
- 150 ml (½ taza generosa) de vinagre blanco
- 300 ml (1¼ tazas) de cerveza
- 75 g (2½ onzas) de azúcar

INSTRUCCIONES:
a) Frote los pepinos con sal marina gruesa. Enjuáguelos con agua y séquelos con una toalla de papel.
b) Esteriliza el frasco. Vierte agua en una cacerola y coloca el frasco boca abajo. Calentar a fuego alto y hervir durante 5 minutos. Levante el frasco con guantes de cocina y séquelo cuando se haya enfriado un poco.
c) Prepara la marinada. Vierte la salsa de soja, el vinagre, la cerveza y el azúcar en un cazo. Llevar a ebullición y cocinar, sin tapar, durante 5 minutos a fuego alto.
d) Coloque los pepinos en el frasco esterilizado , empaquetándolos lo más apretados que pueda. Con un cucharón, vierte la marinada caliente directamente sobre los pepinos. Empuja un poco los pepinos hacia abajo con una cuchara. Dejar enfriar a temperatura ambiente. Cierra el frasco y guárdalo en el frigorífico.
e) Estos encurtidos están listos para comer tras 1 semana de reposo y se pueden conservar durante al menos 3 meses.

89.Kimchi Gimbap /Kimchi- Kimbap

INGREDIENTES:
- 200 g (7 oz) de kimchi de col china
- 3 cucharaditas de azúcar
- pepino
- 2½ cucharaditas de sal, más extra para condimentar
- 3 huevos
- 1 cucharadita de ajo en polvo
- 2 zanahorias
- 5 palitos de surimi (cangrejo)
- ½ cucharada de salsa de soja
- 300 g (10½ oz) de arroz blanco cocido, tibio
- 2 hojas grandes de alga gim (nori)
- 2 lonchas jamón pierna Aceite de sésamo
- Aceite vegetal neutro
- semillas de sésamo

INSTRUCCIONES:
a) Lava el kimchi y exprímelo con las manos para quitarle el jugo, luego córtalo en trozos pequeños. Mézclalo con 2 cucharaditas de aceite de sésamo y 1 cucharadita de azúcar hasta que estén bien combinados. Corta el pepino en palitos, combínalo con ½ cucharadita de sal, mezcla bien y presiona con las manos para extraer el exceso de agua.

b) Batir los huevos. Sazone con 1 pizca de sal y ajo en polvo. Hacer 2 tortillas muy finas en una sartén aceitada caliente y reservar. Corta las zanahorias en palitos. Sofreír las zanahorias durante 3 minutos en una sartén aceitada caliente y sazonar con 1 pizca de sal, luego reservar. Triturar los palitos de surimi con las manos y sofreír durante 3 minutos en la sartén aceitada caliente, añadiendo 2 cucharaditas de azúcar y la salsa de soja mientras se fríen. Mezclar el arroz con ½ cucharada de aceite de sésamo y las 2 cucharaditas restantes de sal (A).

c) Para formar el primer rollo, coloque 1 hoja de algas sobre una estera de bambú (cardán o makisu), con el lado rugoso hacia arriba. Cubrir las algas con una fina capa de arroz distribuida uniformemente. Coloca 1 loncha de jamón sobre el arroz, cortándola de manera que cubra la superficie de la hoja en la parte inferior. Colocar encima la tortilla cortándola de la misma forma. En el medio de la tortilla , coloca uno al lado del otro un poco de pepino, surimi, zanahoria y kimchi.

d) Doblar la parte inferior de la hoja utilizando el tapete (BC) para cubrir los ingredientes, presionando fuerte para que el arroz se pegue al exterior del alga.

e) En el borde superior de la hoja de algas, tritura algunos granos de arroz para ayudar a cerrar correctamente el gimbap (D). Repita el proceso hasta que la hoja esté completamente enrollada . Con una brocha de repostería, unte la parte superior del rollo con aceite de sésamo.

f) Corta el rollo en secciones de 1 cm (½ pulgada) de grosor (E). Repita para el segundo rollo. Espolvorea con semillas de sésamo y disfruta (F).

SALSA DE ANCHOA FERMENTADA

90.Panqueques de Kimchi/ Kimchijeon

INGREDIENTES:
- 500 g (1 lb 2 oz) de kimchi de col china
- 2 cucharaditas de gochugaru Chile en polvo
- 2 cucharadas de salsa de anchoa fermentada
- 650 g (1 libra 7 oz) de masa para panqueques coreanos
- Aceite vegetal neutro

INSTRUCCIONES:
a) Cortar el kimchi en trozos pequeños con unas tijeras y colocar en un bol sin escurrir el jugo. Agrega el gochugaru chile en polvo y salsa de anchoas fermentadas. Agrega la masa para panqueques y mezcla bien.

b) Unta generosamente una sartén con aceite vegetal y calienta a fuego alto. Extienda una fina capa de masa de kimchi en el fondo de la sartén. Con una espátula, levante la masa del fondo del molde inmediatamente para evitar que se pegue. Tan pronto como los bordes comiencen a dorarse y la superficie se endurezca ligeramente, dé la vuelta al panqueque.

c) Cocine el otro lado a fuego alto durante 4 minutos más. Repita para cada panqueque.

d) Disfrútelo con salsa coreana para panqueques o pepinillos en salsa de soya y cebolla.

91.Ternera con Champiñones y Calabacín

INGREDIENTES:

- 150 g (5½ oz) de arroz blanco de grano corto
- 200 g (7 oz) de carne picada
- ½ cucharada de salsa de anchoas fermentada
- ½ cucharada de azúcar
- ½ cucharadita de ajo en polvo
- 1 cucharadita de alcohol blanco (soju o ginebra)
- ½ cebolla
- 1 zanahoria
- 2 champiñones pyogo (shiitake) o champiñones
- ½ calabacín (calabacín)
- 1,2 litros (5 tazas) de agua
- Sal al gusto

INSTRUCCIONES:

a) Lava el arroz tres veces. Remojar durante un mínimo de 45 minutos en agua fría.

b) Mientras tanto, dé golpecitos a la carne con una toalla de papel para eliminar el exceso de sangre. Mezclar la carne con la salsa de anchoas, el azúcar, el ajo en polvo y el alcohol. Reservar durante 20 minutos.

c) Picar la cebolla, la zanahoria, los champiñones y el calabacín.

d) Escurrir el arroz.

e) Calienta una cacerola. Cuando esté caliente sofreímos la carne durante unos minutos, asegurándonos de separarla en trozos pequeños con una cuchara. Agrega el arroz y 500 ml (2 tazas) de agua. Llevar a ebullición. Reduzca el fuego a medio, revolviendo regularmente durante 20 minutos. Agrega las verduras. Agrega el agua restante gradualmente durante los siguientes 30 minutos a fuego lento, revolviendo regularmente. Sazonar con sal.

92.Calabacín salteado/ Hobak-Namul

INGREDIENTES:
- 2 calabacines (calabacines)
- ½ cebolla
- ½ zanahoria
- 2 dientes de ajo
- 2 cucharadas de aceite vegetal neutro
- 2 cucharaditas de salsa de anchoas fermentada
- 1 cucharadita de aceite de sésamo
- ½ cucharadita de semillas de sésamo Sal

INSTRUCCIONES:
a) Cortar los calabacines por la mitad a lo largo y luego en medias lunas de 5 mm (¼ de pulgada) de grosor . Cortar la cebolla en rodajas finas y la zanahoria en palitos. Triturar el ajo.

b) Untar la base de una sartén con aceite vegetal y sofreír los ajos a fuego alto hasta que estén fragantes. Agrega la cebolla y la zanahoria. Sofríe hasta que la cebolla empiece a ponerse traslúcida. Agrega los calabacines y la salsa de anchoas fermentadas. Sofría de 3 a 5 minutos. Los calabacines deben quedar ligeramente crujientes. Pruebe y agregue sal al gusto.

c) Fuera del fuego, agrega el aceite de sésamo y las semillas de sésamo. Mezcle suavemente en la sartén mientras aún está caliente. Disfrútalo caliente o frío.

93.Kimchi de repollo chino / Baechu -Kimchi

INGREDIENTES:
SALMUERA
- 2 coles chinas de aproximadamente 1,8 kg (4 lb) cada una
- 350 g (12 oz) de sal marina gruesa
- 2 litros (8 tazas) de agua

ESCABECHE
- 300 ml (1¼ tazas) de agua
- 15 g (½ oz) de harina de arroz
- 100 g (3½ oz) de gochugaru Chile en polvo
- 10 g (¼ oz) de jengibre
- 1 cebolla pequeña
- 1 pera
- 70 g (2½ oz) de salsa de anchoas fermentada
- 50 g (1¾ onzas) de azúcar
- 80 g (2¾ oz) de ajo machacado
- 1 manojo de cebolletas (cebolletas)
- 400 g (14 oz) de rábano blanco (daikon)
- Sal marina

INSTRUCCIONES:
a) Corta y desecha con cuidado el extremo duro de las coles, asegurándote de que las hojas permanezcan unidas. Cortar las coles chinas en cuartos. Para ello, utilice un cuchillo largo y muy afilado. Comenzando desde la base, corte cada repollo dos tercios del camino hasta la parte superior. Separar las dos partes con la mano (A), arrancando la parte superior de las hojas. Haz lo mismo con las dos mitades para obtener cuartos de repollo. Diluir 200 g (7 oz) de sal marina gruesa en el

b) 2 litros (8 tazas) de agua, revolviendo vigorosamente para hacer la salmuera. Sumerja cada cuarto de repollo en la salmuera, asegurándose de que estén bien humedecidos . Distribuya un puñado de la sal restante entre las hojas alrededor de la sección de base firme de cada cuarto de repollo.

c) Coloca los cuartos de repollo en un recipiente con la salmuera restante y con el interior de las hojas hacia arriba. Dejar actuar de 3 a 5 horas, comprobando la elasticidad de las hojas hacia el final. Si la base dura de las hojas se dobla entre dos dedos sin romperse, la salmuera está lista . Enjuague el repollo tres veces seguidas y luego déjelo escurrir durante al menos 1 hora.

d) Prepara la sopa de harina de arroz (B). Vierta 300 ml (1¼ tazas) de agua y la harina de arroz en una cacerola. Revuelva y deje hervir, revolviendo regularmente, luego baje el fuego mientras continúa revolviendo durante unos 10 minutos. Dejar enfriar y luego mezclar con el gochugaru . chile en polvo (C).

e) Haga puré el jengibre, la cebolla y la mitad de la pera en un procesador de alimentos pequeño. Agrega esta mezcla a la mezcla de harina de arroz. Añade la salsa de anchoas (D), el azúcar, el ajo machacado y las cebolletas cortadas en cuatro a lo ancho y en dos a lo largo. Corta el rábano blanco y la media pera restante en palitos y agrégalos a la mezcla. Termine el condimento con sal marina según sea necesario.

f) Unte cada cuarto de repollo con la marinada (E), incluso entre las hojas. Coloque cada cuarto de repollo con las hojas exteriores hacia abajo en un recipiente hermético (F). Llene sólo hasta el 70% de su capacidad. Cubra las hojas de col solitarias con la marinada, cúbralas con una envoltura de plástico y cierre bien con la tapa. Dejar reposar 24 horas en la oscuridad a temperatura ambiente y luego conservar en el frigorífico hasta por 6 meses.

94.Kimchi de pepino/Oi- Sobagi

INGREDIENTES:

SALMUERA

- 15 pepinos tiernos (1,5 kg/3 lb 5 oz)
- 100 g (3½ oz) de sal marina gruesa, más un poco más para limpiar los pepinos
- 1 litro (4 tazas) de agua

ESCABECHE

- 60 g (2¼ oz) de harina de arroz

SOPA

- 80 g (2¾ oz) de cebollino
- 2 cebolletas (cebolletas)
- 50 g (1¾ oz) de dientes de ajo
- 50 g (1¾ oz) de gochugaru Chile en polvo
- 50 g (1¾ oz) de salsa de anchoa fermentada
- Sal marina

INSTRUCCIONES:

a) Prepara los pepinos baby: corta 5 mm (¼ de pulgada) de los extremos y lávalos con agua fría, frotándolos con sal gruesa para eliminar las impurezas de la piel. Colóquelo en un tazón grande. Mezclar la sal marina gruesa con

b) 1 litro (4 tazas) de agua hasta que la sal se disuelva, luego vierte sobre los pepinos. Deje reposar de 5 a 8 horas, volteando los pepinos de arriba a abajo cada 90 minutos. Para comprobar si la salmuera está lista , doble con cuidado un pepino. Debe ser flexible y doblarse sin romperse. Lave los pepinos dos veces con agua limpia y séquelos.

c) Prepara la marinada colocando la sopa de harina de arroz en un bol. Lavar y cortar las cebolletas en trozos de 1 cm (½ pulgada). Corta los bulbos de cebolleta en palitos y los tallos por la mitad a lo largo y luego en trozos de 1 cm (½ pulgada). Triturar el ajo. Mezclar las verduras con la sopa de harina de arroz y agregar el gochugaru y la salsa de anchoas fermentadas. Termine de sazonar con sal marina, si es necesario .

d) Cortar los pepinos. Para ello, coloca cada pepino sobre una tabla y córtalo en dos secciones colocando la punta del cuchillo a 1 cm (½ pulgada) del extremo y haciendo un corte con cuidado. Cuando la hoja del cuchillo toque la tabla, agarra el pepino, gíralo y muévelo hacia arriba por la hoja para que se separe bien. Haz lo mismo en el segundo lado para que los pepinos queden cortados en cuatro palitos aún adheridos a la base. Rellena cada pepino con 1 o 2 pizcas de marinada. Frote también la marinada en el exterior de los pepinos.

e) Llene un recipiente hermético hasta el 70% de su capacidad con los pepinos, colocándolos bien planos y formando varias capas. Cubra con film transparente y cierre bien la tapa. Dejar a temperatura ambiente durante 24 horas lejos de la luz solar y luego conservar en el frigorífico. Este kimchi se puede consumir fresco o fermentado a partir del día siguiente. Los pepinos permanecerán crujientes durante unos 2 meses.

95.Kimchi/ Kkakdugi de rábano blanco

INGREDIENTES:
SALMUERA
- 1,5 kg (3 lb 5 oz) de rábano blanco (daikon), rábano negro o nabo pelados
- 40 g (1½ oz) de sal marina gruesa
- 50 g (1¾ onzas) de azúcar
- 250 ml (1 taza) de agua con gas

ESCABECHE
- 60 g (2¼ oz) de gochugaru Chile en polvo
- 110 g (3¾ oz) de sopa de harina común (para todo uso)
- ½ pera
- ½ cebolla
- 50 g (1¾ oz) de salsa de anchoa fermentada
- 60 g (2¼ oz) de dientes de ajo
- 1 cucharadita de jengibre molido
- 5 cm (2 pulgadas) de puerro (parte blanca)
- ½ cucharada de sal marina 2 cucharadas de azúcar

INSTRUCCIONES:

a) Corta el rábano en secciones de 1,2 cm (½ pulgada) de grosor y luego cada sección en cuartos. Colóquelos en un bol y agregue la sal marina gruesa, el azúcar y el agua con gas. Mezclar bien con las manos para que se integren bien el azúcar y la sal . Dejar reposar unas 4 horas a temperatura ambiente. Cuando los trozos de rábano se vuelvan elásticos, la salmuera estará lista . Enjuague los trozos de rábano una vez en agua. Déjalas escurrir durante un mínimo de 30 minutos.

b) Para la marinada, mezcle el gochugaru con la sopa fría de harina (misma técnica de preparación que para la sopa de harina de arroz, página 90). Haga puré la pera, la cebolla y la salsa de anchoas fermentadas en un procesador de alimentos pequeño y mezcle con la mezcla de harina común de gochugaru . Tritura el ajo y revuélvelo con la mezcla junto con el jengibre molido. Corta el puerro en rodajas finas y revuélvelo con la mezcla. Termina el condimento con la sal marina y el azúcar.

c) Combina los trozos de rábano con la marinada. Colocar en un recipiente hermético, llenándolo hasta el 70% de su capacidad. Cubrir con film transparente y presionar para eliminar la mayor cantidad de aire posible. Cierre bien la tapa. Dejar reposar 24 horas en la oscuridad a temperatura ambiente y luego conservar en el frigorífico hasta por 6 meses. El sabor de este kimchi es mejor cuando está bien fermentado, es decir, después de unas 3 semanas.

96.Kimchi de cebollino/Pa-Kimchi

INGREDIENTES:
SALMUERA
- 400 g (14 oz) de cebollino al ajillo
- 50 g (1¾ oz) de salsa de anchoa fermentada
ESCABECHE
- 40 g (1½ oz) de gochugaru Chile en polvo
- 30 g (1 oz) de sopa de harina de arroz
- ¼pera
- ¼ de cebolla
- 25 g (1 oz) de dientes de ajo
- 1 cucharada de limón en conserva
- ½ cucharadita de jengibre molido
- 1 cucharada de azúcar

INSTRUCCIONES:
a) Lavar bien los tallos de cebollino y quitarles las raíces. Coloque el manojo de cebolletas, con los bulbos hacia abajo, en un tazón grande. Vierte la salsa de anchoas sobre el cebollino, directamente en la parte más baja. Todos los tallos deben quedar bien humedecidos . Ayuda a untar la salsa con las manos, alisando de abajo hacia arriba. Cada 10 minutos, mueve la salsa de la misma manera desde el fondo del bol hasta la parte superior de los tallos, y continúa haciendo esto durante 30 minutos.

b) Agrega el chile en polvo a la sopa de harina de arroz. Haga puré la pera y la cebolla en un procesador de alimentos pequeño y triture el ajo. Mezclar con la sopa de harina de arroz. Vierte la mezcla en el bol que contiene las cebolletas. Agrega el limón en conserva, el jengibre molido y el azúcar. Mezcle cubriendo cada tallo de cebollino con la marinada.

c) Colóquelo en un recipiente hermético, llenándolo hasta el 70% de su capacidad. Cubrir con film transparente y presionar para eliminar la mayor cantidad de aire posible. Cierre bien la tapa. Déjelo durante 24 horas en la oscuridad a temperatura ambiente y luego guárdelo en el refrigerador hasta por 1 mes.

97.kimchi blanco

INGREDIENTES:
SALMUERA
- 1 col china, aproximadamente 2 kg(4 lb 8 oz)
- 200 g (7 oz) de sal marina gruesa
- 1 litro (4 tazas) de agua

ESCABECHE
- ½ pera
- ½ cebolla
- 50 g (1¾ oz) de dientes de ajo
- 60 g (2¼ oz) de sopa de harina de arroz
- 600 ml (2 tazas) de agua mineral
- 2 cucharadas de salsa de anchoa fermentada
- 3 cucharadas de jarabe de jengibre
- 1 cucharada de sal marina

RELLENO
- 200 g (7 oz) de rábano blanco (daikon), rábano negro o nabo
- ½ pera
- ½ zanahoria
- ½ chile rojo (opcional) 5 tallos de cebollino con ajo 2 azufaifas secas
- 1 cucharada de sal marina
- 1 cucharada de azúcar

INSTRUCCIONES:
a) Corta y desecha con cuidado el extremo duro de la col china, asegurándote de que las hojas permanezcan unidas. Corta el repollo en cuartos. Para ello, utilice un cuchillo largo y muy afilado. Comenzando desde la base, corte el repollo dos tercios del camino hacia arriba.

b) Separar las dos partes con la mano, arrancando la parte superior de las hojas. Haz lo mismo con las dos mitades para obtener cuartos de repollo. Diluya 100 g (3½ oz) de sal marina gruesa en 1 litro (4 tazas) de agua, revolviendo vigorosamente para hacer la salmuera.

c) Sumerja cada cuarto de repollo en salmuera, asegurándose de que estén bien humedecidos . Divida un puñado de la sal restante entre las hojas alrededor de la sección de base firme de cada cuarto de repollo.

d) Coloca los cuartos de repollo en un recipiente con la salmuera restante, con el interior de las hojas hacia arriba.

e) Dejar actuar de 3 a 5 horas, comprobando la elasticidad de las hojas hacia el final. Si la base dura de las hojas se dobla entre dos dedos sin romperse, la salmuera está lista . Enjuague el repollo tres veces seguidas y luego déjelo escurrir durante 1 hora como mínimo.

f) Para la marinada, haga puré la pera, la cebolla y el ajo en un procesador de alimentos pequeño. Vierta la mezcla licuada y la sopa de harina de arroz a través de un colador de malla fina colocado sobre un bol, presionando con un cucharón mientras agrega el agua mineral para ayudar a extraer el jugo. Cuando solo queden las fibras en el colador, deséchalas. Si queda algo de agua, agrégala al jugo colado. Condimente con la salsa de anchoa fermentada, el almíbar de jengibre y la sal marina.

g) Para el relleno, corta en palitos el rábano, la pera, la zanahoria y la guindilla roja . Corta las cebolletas en trozos de 5 cm (2 pulgadas). Retire la semilla central de las azufaifas y córtelas en palitos. Mezclar todos los ingredientes con la sal marina y el azúcar.

h) Ponga 2 o 3 pizcas de relleno entre cada hoja de repollo y envuelva cada cuarto de repollo con la última hoja exterior para mantener el relleno adentro. Coloca las coles en un recipiente hermético, con el interior de las hojas hacia arriba, y cúbrelas con la marinada, asegurándote de no llenarlo más del 80% de su capacidad. Cierre bien la tapa.

i) Dejar reposar 24 horas en la oscuridad a temperatura ambiente y luego conservar en el frigorífico hasta por 6 meses. Podrás comer este kimchi después de 2 semanas.

98.Salteado De Cerdo Y Kimchi/Kimchi- Jeyuk

INGREDIENTES:

- 600 g (1 lb 5 oz) de paleta de cerdo deshuesada
- 3 cucharadas de azúcar
- 350 g (12 oz) de kimchi de col china
- 10 cm (4 pulgadas) de puerro (parte blanca)
- 50 ml (escaso ¼ de taza) de alcohol blanco (soju o ginebra)
- 40 g (1½ oz) picante

ESCABECHE

- 1 cucharada de salsa de anchoas fermentada

TOFU

- 200 g (7 oz) de tofu firme
- 3 cucharadas de aceite vegetal neutro
- Sal

INSTRUCCIONES:

a) Cortar el cerdo en rodajas finas con un cuchillo muy afilado. Se puede congelar durante 4 horas antes de cortarlo. Marinar las lonchas de cerdo en el azúcar durante 20 minutos. Corta el repollo en tiras de 2 cm (¾ de pulgada) de ancho. Corta el puerro en rodajas de 1 cm (½ pulgada) de grosor en diagonal. Mezclar el kimchi, el alcohol blanco y la marinada picante con la carne de cerdo.

b) Calienta una sartén a fuego alto y sofríe la mezcla de carne de cerdo y kimchi durante 30 minutos. Agregue un poco de agua durante la cocción si la mezcla parece demasiado seca. Añade el puerro y sofríe otros 10 minutos. Sazone con la salsa de anchoa fermentada.

c) Mientras tanto, corta el tofu en rectángulos de 1,5 cm (⅝ de pulgada). Calentar una sartén untada con aceite vegetal. Freír a fuego medio hasta que todos los lados estén bien dorados. Utilice una espátula y una cuchara para voltear los trozos de tofu para no romperlos. Sazone cada lado con sal mientras cocina. Después de cocinar, deja que el tofu se enfríe sobre una toalla de papel.

d) Coloque un trozo de kimchi y carne de cerdo sobre un rectángulo de tofu y coman juntos.

99.Estofado de kimchi/Kimchi- Jjigae

INGREDIENTES:

- 500 g (1 lb 2 oz) de kimchi de col china
- 300 g (10½ oz) de paleta de cerdo deshuesada
- 1cebolla
- 1cebolleta tierna (cebolleta)
- 2 dientes de ajo
- 200 g (7 oz) de tofu firme
- 1cucharada de azúcar
- 2 cucharadas de salsa de anchoa fermentada
- 500 ml (2 tazas) de agua

INSTRUCCIONES:

a) Corta el kimchi en tiras de 2 cm (¾ de pulgada) de ancho. Corta la paleta de cerdo en trozos pequeños. Picar la cebolla. Cortar el bulbo de cebolleta en cuartos y añadirlo a la cebolla. Cortar el tallo de la cebolleta en diagonal y reservar. Triturar el ajo. Corta el tofu firme en rectángulos de 1 cm (½ pulgada) de grosor.

b) Calienta una olla a fuego alto sin aceite. Cuando esté caliente añade el kimchi y espolvorea con azúcar. Poner encima la carne de cerdo y espolvorear uniformemente con la salsa de anchoas. Agrega el ajo machacado. Saltee durante unos minutos hasta que la carne de cerdo esté dorada y el kimchi comience a volverse traslúcido. Agrega el agua y la cebolla picada, luego mezcla.

c) Dejar cocer a fuego medio durante 20 minutos, sin tapar. Cinco minutos antes de finalizar la cocción, prueba el caldo y añade más salsa de anchoa fermentada si es necesario. Añade el tofu y el tallo de la cebolleta. Servir caliente.

100.De Repollo Chino Con Salsa De Kimchi/ Baechu-Geotjeori

INGREDIENTES:
- 600 g (1 libra 5 oz) de col china
- 50 g (1¾ oz) de sal marina gruesa
- 1 litro (4 tazas) de agua
- 4 tallos de cebollino con ajo (o 2 tallos de cebolleta/cebolleta, sin bulbo)
- 1 zanahoria
- 1cucharada de azúcar 50 g (1¾ oz) picante

ESCABECHE
- 2 cucharadas de salsa de anchoa fermentada
- ½ cucharada de semillas de sésamo
- Sal marina

INSTRUCCIONES:
a) Corta la col china en trozos grandes del tamaño de un bocado. Disolver la sal en el agua y sumergir el repollo. Dejar reposar 1½ horas.
b) Corta las cebolletas en trozos de 5 cm (2 pulgadas). Ralla la zanahoria.
c) Escurrir el repollo. Enjuáguelo tres veces seguidas y luego déjelo escurrir durante 30 minutos. Mézclalo con el azúcar, la marinada picante, la salsa de anchoas fermentadas, la zanahoria y el cebollino. Ajusta el condimento con sal marina. Espolvorea con semillas de sésamo.

CONCLUSIÓN

Al concluir nuestro viaje por el alma de la cocina coreana, nos encontramos no solo con una colección de recetas, sino también con una apreciación más profunda del patrimonio cultural entretejido en cada plato. "Jang: El alma de la cocina coreana" nos invita a saborear la esencia eterna de Jang y su papel en la configuración del vibrante mosaico de la cocina coreana.

Al despedirnos de estas páginas llenas de inspiración culinaria, que los sabores permanezcan en nuestros paladares y que el arte de Jang continúe inspirando tanto a chefs experimentados como a cocineros caseros. Dejemos que esta exploración sirva como recordatorio de que detrás de cada plato hay una historia y que, en cada bocado, podemos saborear el alma de una cultura, una cultura bellamente encapsulada en el rico y sabroso mundo de la cocina coreana.

Milton Keynes UK
Ingram Content Group UK Ltd.
UKHW030744121124
451094UK00013B/987

9 781836 879961